Helmut Krausser

MÄRZ

belleville

MÄRZ – Tagebuch des März 2003.

Originalausgabe. Alle Rechte vorbehalten.
© 2003 belleville Verlag Michael Farin, Hormayrstr.15,
80997 München
Druck, Bindung: Steinmeier, Nördlingen

ISBN 3-936298-19-X

1. 3., Samstag

Ah – Frühling!
Begeistert mich jedes Jahr wieder.

☙

Gestern Fußgängerzone, vorm Oviesse-Kaufhaus. Zwei Männer wälzen sich auf dem Boden, ringen, Leute drum herum, rufen:»Greif doch ma einer ein!«, keiner greift ein. Die Männer ringen, schlagen einander nicht, beißen weder, noch kratzen sie. Keine Minute später sind zwei Polizisten da, wie aus dem Nichts, reißen die beiden auseinander. Einer der Auseinandergerissenen stellt sich als Kaufhausdetektiv vor, den anderen nennt er Dieb.»Ich bin der Gute«, sagt er,»und der ist der Dieb.« Und die Polizisten:»Jaja, den kennen wir doch. Nicht?« Sie wenden sich zum Dieb:»Wir kennen uns doch? Nicht?« Dieb:»Ach Kotze, Scheiße, Pisse, Mann!« Hatte was Familiäres. Handschellen klickten. Erste live miterlebte Verhaftung in meinem Leben. Ich wunderte mich, wie schnell die Streife kam, aber die Fugäzo ist selbstverständlich vollständig videoüberwacht.

Fugäzo klingt blöd und gesucht. Ich hatte bloß keine Lust, das Wort an einem Tag zweimal auszuschreiben.

Vor ein paar Tagen hatte *Lederfresse* Nordamerika-Premiere in Downtown LA. Zehn Jahre hats gedauert. *Haltestelle Geister* wird in Moskau aufgeführt werden. *Unser Lied* nächsten November in Cottbus. Die sollen dort ein sehr schönes Sezessionisten-Jugendstiltheater haben. Ich hätte die UA auch nach Heidelberg geben können, aber Cottbus ist von Berlin aus viel schneller zu erreichen als Heidelberg von München, und ich will bei den Proben dabei sein. Das gab den Ausschlag.

Heute stellt Beatrice endlich ihre selbstprogrammierten Lara-Croft-Level ins Netz.

Sie saß praktisch die letzten drei Monate nur am Computer. Ergebnis sollte ich mir mal ansehen, vergesse es immer wieder, völlig gedanken- und taktlos.

༄

2002/2003: mein bestes Stück, mein bester Roman, mein bester Gedichtband. Nun gehts bergab, das wird lustig.

Ich sage zu jeder Lesung ja, ist gut, wird gemacht. Geld muß her. Steuerprüfer waren da. Die Verfilmung von *Könige* ist im letzten Moment gekippt. *UC* wird wenig einbringen.

Bittere Lebenszwischenbilanz: Ich werde alt und brauche das Geld.

lieber sklave im alten rom als kaiser in frankfurt am main

es muß sich was ändern. entspanntere haltung. mehr überraschungseier. warum verzweifeln?

༄

Su hat sich eine Magendarmgeschichte eingefangen, liegt flach. Wir reden nochmal über *Goodbye, Lenin*, dessen unglaublicher Kassenerfolg X-Filme auf viele Jahre hin sanieren wird. Ich gönne Wolfgang Becker das sehr, obgleich der Film von einem Meisterwerk wie *Das Leben ist eine Baustelle* weit entfernt ist. Es schimmert durch, daß der Film viel länger, komplexer geplant gewesen war, dann stark gekürzt wurde, aber immer noch nicht genug.

༄

Habe den Nachmittag verdaddelt, indem ich mein allererstes Holzschachbrett mit den Plastikfiguren vom Dach holte und vom Staub befreite. Weihnachten 1975 hab ichs bekommen, sicher das folgenschwerste Geschenk meines Lebens. Wieviel Zeit und Mühe ich auf Schach verwendet habe, mit nur ganz mittelmäßigem Talent. Aber wieviel Zeit ich sonst hätte zusätzlich absitzen müssen. Ich machte es mir auf dem Wohnzimmerteppich bequem und schob die Figuren ein wenig herum. Zu faul, um wenigstens Hintergrundmusik einzulegen, betrachtete ich die Staub- und Schmodderreste in den Falten der Damen, unter den Kreuzen der Könige, in den Mäulern der Springer, zwischen den Zinnen der Türme, gelbbraun verfärbt vom Nikotin tausender Tage und Nächte. Manche Filzböden zeigten Rotweinflecken. Sowas dürfte man gar nicht säubern. Bei der Berührung kehren unzählige vergessene Stunden zurück. Viel Wehmut, keine Gemütlichkeit. Ich bin unfähig zu Genuß und Gemütlichkeit. Wie immer in den Monaten nach einem dicken Roman. Diesmal hab ich alles gegeben, geben müssen. Es war ein Rausch, der Rausch ist vorbei, viele Dinge werden sinnlos, beinahe alle. Man wird so durchgewunken, durchs Leben.

abends kino.
scorsese geht nun schon ziemlich lange unter.
gangs of ny – welche geldverschwendung. kein charakter, der mich interessiert, keine einzige feine ader in einem plumpen gerüst aus blut und fleisch. plakativ, pathetisch. eine ausstattungsorgie ohne seele. ich ärgere mich, weil ich ahne, welch ein film möglich gewesen wäre, schwämme in all diesem hackfleisch mal ein fischlein von idee.
was monströs und archaisch wirken soll, wirkt bizarr-hybrid-grotesk, überhöht zu einer art geschichtsstunden-freakshow. ein drehbuch, das bill the butcher geschrieben haben könnte. banale musik.
die bildsprache von ballhaus, die einiges hätte retten können, verschlimmert das ganze mit eitler zirkusoptik, anbiedernd, sensationsgeil. völlig unnötige zeitlupen. martialische ballette, scheinbar grausam, mit lustlosen komparsen. ja, das ganze ist ein grand guignol, die schauspieler sind nur puppen an unsichtbaren fäden. cameron diaz als quotenfrau in einer aufgeblähten jungsgeschichte. vielleicht weiß man jetzt endlich, was man an *once upon a time in america* gehabt hat. oder an *heavens gate*.

❧

ich gäb dir gerne
eine blume
die ganze blume
und nichts als die blume
ich schwöre

❧

jede stille ist gestillt
jeder gedanke ein danke.

2. 3.

Ah – Fasching.
Nervt mich jedes Jahr wieder.

∞

Jeder setzt sich seinen Rahmen selbst. Ob er dann das Bild auch füllt? Mir sind solche lieber, die Risiko gehen, auf die Gefahr hin, daß am Ende weiße Stellen bleiben. Die stören nur auf Landkarten, nicht in Bildern.

Immer das chinesische Relativitätsaxiom bedenken: Egal wie erfolgreich du bist, egal wie sehr du versagst – einer Milliarde Chinesen ist das scheißegal.
Hübscher Satz, aber seit ich ins Chinesische übersetzt bin, satzt er nicht mehr richtig.

Deutschland wählte wieder Superstars. Daniel flog raus, Juliette und Alexander durften bleiben. In der AZ fragte jemand per Leserbrief: Wer bestimmt das eigentlich, daß Literatur wichtiger sein soll als Fußball? Recht hat er, Fußball ist selbstverständlich wichtiger, jede Abstimmung unter den Menschen würde das bestätigen. Nein, ernsthaft, da muß man sich doch mal klar werden darüber, vor allem weil es nicht infamfies-verschwörerisch gegen den Willen der Menschheit geschieht: Die Aufklärung hat versagt, das Gros der Masse ist zum Wählen von Superstars freigegeben/rekrutiert worden, 49 Cent pro Anruf müssen sie dafür noch bezahlen, und im Flyer der Rauriser Literaturtage werde ich als Krimiautor bezeichnet. Nein, ich verweigere mich allen Parolen der Kulturpessimisten, aber Tatsache ist, daß uns alle Illusionen fortgerissen wurden, daß die Blödheit heutzutage mit ganz ganz großem Maul umherrennt und jedwedes Niveau sich rechtfertigen muß, um nicht als elitäre Zumutung zu gelten. Schrecklich: In einer Harald-Schmidt-

Show neulich sagte Harald Schmidt: Das hat mein *Placet*. Daraufhin mußte er sich von seiner Stichwortkartenhalterin Suzanna anblaffen lassen, er solle gefälligst *verständlich* reden. Da ist in mir alles Menschliche gestorben, das Tier kam hervor. Der große Harald kuscht prompt, erklärt den Sinn des Wörtchens *Placet*. Revolte. Als wären Pfeile und Schleudern des Geschicks nicht schon genug, das Dasein zu erdulden, müssen unbedingt noch aufbegehrende Stichwortkartenhochhalterinnen hinzukommen?

Nein, die Menschen waren früher nicht weniger dumm, inzwischen wurde ihnen jedoch eingeredet, sie dürften es sein, ohne sich schämen zu müssen. Schon sind sie prompt stolz darauf. Genau da wird es unangenehm.

Wir aber sind auch nicht gescheit. Hatten doch heute die Superidee, uns endlich die Pinakothek der Moderne anzusehen. Und das auch noch am ersten Frühlingssonntag, wenn da jeder umsonst reindarf. Also durchkurvten wir eine Stunde lang das Viertel auf Parkplatzsuche, sahen die schlangestehenden Massen, fuhren wieder nach Hause, wollten in den Wald, spazierengehen, im Wald aber wars noch schlammig bis knöcheltief – da ließen wir und fuhren den Wagen wieder in die Garage, ohne auch nur einen Schritt im Freien gemacht zu haben.

Ereignisloser Tag. Marcel konnte mit einem Text nichts anfangen, der einer meiner besten ist. Jedenfalls bilde ich mir das ein – und er hätte sich dazu überhaupt nicht äußern müssen – warum macht er das dann? Aus Cottbus ein erstes Mail, das ziemlich blöde an dem Titel meines Stücks (»Unser Lied«) herummäkelt und, ohne daß ich irgendwas gefordert hätte, vorausheulend über die schlimme Finanzsituation der Osttheater lamentiert, als wüßte mans noch nicht. Widerlicher Eindruck, so stellt man sich doch keinem Autor vor. Zehn Tippfehler in jedem Satz.

Helmut Russegger rief an, der mit seinem Deutschkurs grade *Melo-*

dien liest. Das Buch, berichtet er, ist jetzt offiziell im bayerischen Lehrplan als Schullektüre empfohlen. Allerhand.

Soll man sich geehrt fühlen, mißverstanden oder überlebt? Die meiste Zeit sah ich im Internet den Partien vom Turnier in Linares zu. Keine Lektüre in den letzten Tagen, habe nicht die innere Ruhe. Nebenbei: Immer mehr CDs verschwinden aus meinem Haushalt. Es gibt nur zwei Stellen im Haus, wo ich CDs aufbewahre, die sind überschaubar. Trotzdem wachsen den CDs Flügelchen, und sie flattern in einem unbemerkten Moment durch den Kamin, den es nicht gibt. Völlig unerklärlich. Heute wollte ich auflegen: Elgar, Cellokonzert. War nicht da. Dann: Britten, Tenorserenade. War nicht da.

Britten und Elgar liegen irgendwo am Strand und lachen über mich.

Seit Monaten einziges Thema: Der Krieg gegen Saddam. Jeder, wirklich jeder legt sein Dafür oder Dagegen dar. Da will ich mal nicht unterbrechen. Keine Lust. Am liebsten würde ich wie Kafka ins Tagebuch setzen: *Deutschland hat Rußland den Krieg erklärt. Nachmittag Schwimmschule. (2.8.1914)*

Positiv wäre festzustellen, daß es erfreulich ist, mit wie vielen diversen, für sich genommen klugen Argumentationsmustern, man in der Quintessenz mal auf dieser wie auf jener Seite stehen kann. Zeugt von rhetorischer Begabung. An diabolischen Advokaten herrscht kein Mangel.

Übrigens: Wenn sich die deutschen Intellektuellen zu dieser Sache äußern, werden sie vom Feuilleton als geltungssüchtig beschimpft, wenn sie es nicht tun, als duckmäuserisch.

Das gilt für beinahe jedes Blatt. Die Feindschaft zwischen Journaille und Kultur zeigt sich immer unverstellter. Ein aus tiefstem Neid entfachter Hahnenkampf. Allerdings – wenn man sieht, wer alles sich zum Kulturschaffenden dieses Volkes ernennt, wird man selbst leicht zum Spötter.

Na gut. Für mich selbst. Damit ich mal weiß, wie ich damals dazu gedacht habe, bevor ich später alles besser wußte.
Jede Haltung könnte sich als richtig erweisen. Selbst Schröders gewissenlos kurzsichtiger Kurs könnte mal als Initialzündung einer europäischen Emanzipation in die Geschichte eingehen. Genauso wie der beschränkte Eiferer Bush von ihr dereinst als Mann der Tat beurteilt werden könnte. Auf die Nerven gehen mir alle, die ganz genau wissen, was zu tun ist. Ich weiß zu wenig, um mich zu positionieren. Mittelfristig könnte der Frieden größeres Unheil heraufbeschwören als ein kurzer, erfolgreicher Krieg. Fakt ist, der Krieg ist nicht mehr zu verhindern, ohne daß Saddam triumphieren würde. Und ich glaube, daß das irakische Volk sich in der Mehrheit Saddams Sturz wünscht. Weiterhin glaube ich, daß viele hierzulande den Frieden nur aus Angst vor Terroranschlägen herbeischreien wollen, nicht aus Mitleid mit irakischen Zivilisten. Daß etliche Prominente die Sache benutzen, um ihre Fressen in die Kameras zu halten.
Es ist nicht länger die Frage, ob dieser Krieg nötig ist, geschweige denn gerechtfertigt.
Die Frage ist, ob man ihn jetzt noch vermeiden kann, ohne unüberschaubare Risiken einzugehen. Sich da auf eine moralische Grundsatzposition zurückzuziehen, scheint mir mehr als gefährlich. Man kann ihn nicht vermeiden, er ist beschlossen. Man kann den Beschluß unterstützen, oder nicht. Ist es klug, Amerikaner und Briten dazu zu zwingen, auf eigene Faust zu handeln? Auf Kosten der Vereinten Nationen? Soll man lieber kuschen? Den Rauchkessel des Völkerrechts schwenken? Alles unklar. Hat Saddam Massenvernichtungswaffen? Ich weiß es nicht. Das ist irrelevant. Ob Blix je irgendeine Waffe fände, die er nicht finden soll? Eher unwahrscheinlich.
Wieviel Tote in der Zivilbevölkerung wären zu dulden, könnte der Irak dadurch demokratisiert werden? Wenn er überhaupt zu demokratisieren ist. Wie hoch darf das Blutopfer sein?
Das alles ist sehr sehr schwer zu befragen, zu beantworten nie. Ein teuflisches Thema. Zum Beispiel: Dürfte man zehn Menschen töten, von denen neun unschuldig sind, denn einer, welcher, das weiß man

nicht, trägt eine Bombe bei sich, die ansonsten hundert Menschen in den Tod reißen wird. Oder sagen wir nicht hundert. Sagen wir: elf.

Zehn Menschen mutwillig töten, damit am Ende einer überlebt. Darf man das?

Die einen werden sagen: Nein, man darf das Schicksal nicht durch menschliche Entscheidung bevormunden, es gibt zudem immer noch die Möglichkeit, daß die Bombe durch einen technischen Defekt gar nicht hochgeht. Die anderen werden sagen: zehn Tote sind besser als elf Tote, was gibt es da zu überlegen? Und etliche Meinungen werden irgendwo dazwischen argumentieren, auf der Basis diverser Parameter, die den einen Menschen vom anderen qualitativ unterscheiden, nicht jeden als absolut gleich begreifen. Niemand spreche sich davon frei. Jeder würde, wenn die Rettungsboote der Titanic neu zu besetzen wären, Unterschiede machen. Frauen und Kinder zuerst? Na gut, aber warum eine alte Frau? Warum muß für sie ein junger Mann ertrinken? Etcetera.

Spielbergs *Minority Report* greift ein ähnliches Thema auf. Morde zu verhindern und zu bestrafen, bevor sie begangen werden.

Zizek, in seiner sauerstoffarmen Art, meinte zu diesem Film, es gehe um Morde, die noch nicht geschehen seien. Das ist Quatsch. Denn sie *sind* geschehen, nur aber in der Zukunft. Sobald wir um die Zukunft wüßten, wäre sie Teil der Erfahrungswelt – und justiziabel. *Minority Report* drückt sich selbstverständlich um die Stellungnahme, indem die Möglichkeit einer fehlerhaften Zukunftsvision eingeräumt wird. Ja, dann ist es wirklich kein Problem, die dostojewskische Position beizubehalten, derzufolge Menschenopfer zwar manchmal nötig seien, Menschen darüber aber nicht entscheiden dürften.

S' ist Krieg – und ich begehre nicht schuld daran zu sein. Der Satz war mir stets suspekt. Es geht doch nicht darum, ob ich oder irgendjemand schuld an etwas ist, ob man ins Jenseits mit blütenweißem Leichentuch einzieht, es geht darum, Menschenleben vor der Vernichtung zu retten. Mir ist viel lieber, jemand wagt etwas, auch auf die Gefahr hin, gegen seine Intention schuldig zu werden, als daß er den Kopf in den Sand steckt und auf seiner Insel den Privatfrieden mit der Schöpfung schließt.

Der Wille zur Macht bedeutet, im Umkehrschluß gesehen, im eigenen Leben der Tragik eine Andockmöglichkeit einzuräumen. Früher dachte ich anders, gemäß dem jugendlichen Slogan: *Stell dir vor, es ist Krieg, und keiner geht hin.* Ja, sehr schön. Ginge keiner hin, wäre das ein wunderbares Erfolgsrezept. Funktioniert nur eben nicht.

Zur Zeit wird manches diskutiert, was lange als indiskutabel galt. Z.B. ob man Folter in gewissen Fällen zulassen solle, wenn sie helfen könne, Menschenleben zu retten. Da ist meine Haltung klar und eindeutig: Niemals darf so etwas in der Rechtssprechung eine gesetzliche Grundlage erhalten. Es öffnete Tür und Tor zur stets phantasievolleren Auslegung einer wie sorgfältig auch immer formulierten Notstandsregelung.

Eine ganz andere Sache ist es, wenn sich ein Individuum mutwillig und bewußt auf eigene Verantwortung über das Gesetz hinwegsetzt, sich schuldig macht und womöglich Menschenleben dadurch rettet. Dann muß der Fall für sich betrachtet werden. Sofort griffe das Normative des Faktischen, dem sich niemand entziehen könnte. Nehmen wir doch nur mal folgendes Beispiel: Entführer halten ein Flugzeug besetzt. Dem einzigen festgenommenen Entführer kann durch Folter die Schwachstelle seiner Kumpane entlockt werden, die entführte Maschine würde ohne Verlust an Menschenleben befreit werden können. Glaubt jemand ernsthaft, daß man den verantwortlichen Vertreter des Gesetzes, der sich über das Gesetz erhoben hätte, anklagen würde? Lorbeerkränze würden ihm geflochten werden. Er hätte sich schuldig gemacht, aber das Verdienst würde die Schuld überwiegen.

Umgekehrt würde er sehr wohl bestraft, wenn sich das Vorgehen als nutzlos, überzogen oder unbegründet erwiese. Der Übergriff läge in seinem persönlichen Risiko, und ich mag Menschen, die Risiken auf sich nehmen. Einen gesetzlichen Freibrief dürfte man ihm dennoch niemals ausstellen. Die Ausnahmesituation ist eine Ausnahmesituation, weil zu ihr keinerlei Regularien, Direktiven, Schwimmhilfen, Stützräder vorliegen. Ausnahmesituationen fordern die Eigenverantwortung des Individuums. Man müßte mir jetzt entgegnen, daß, so definiert, jeder Dorfpolizist sich aufgefordert fühlen könnte, gottgleich Sheriff zu spielen, alles nach Gutdünken zur Ausnahmesituation zu erklären. Und ich wüßte nichts zu antworten als: Ja, das stimmt, im Grunde basiert jeder zweite Hollywood-Action-Film auf diesem Prinzip, und es täte mir leid, wenn ich mit dem, was ich gesagt habe, jemals mehr Unheil als Nutzen anrichten würde, aber der Mensch ist unberechenbar, und was immer ihm zur Verfügung steht, wird er entweder so für sich verwenden oder so. Zu schreiben heißt: sich in die Gefahr begeben, schuldig zu werden. Zu schweigen heißt dasselbe, nur ist es in der Wirkung schwerer nachzuweisen.

༄

saddam muß weg, schrieb marlene dietrich 1991. den falschen trifft es nicht. warum ist es plötzlich so wenig selbstverständlich, blutbeschmierte diktatoren beseitigen zu wollen? warum ist es plötzlich so wichtig, wer dafür sorgt und aus welchen gründen? um solch ein ziel zu erreichen, sind mithin sogar lügen erlaubt.

    die eltern des opfers empfinden die reue des mörders als verhöhnung.
    die eltern des opfers empfinden das schweigen des mörders als verhöhnung.
    die eltern des opfers sind mit dem urteil nicht zufrieden.
    die eltern des opfers können mit keinem urteil je zufrieden sein.
    die eltern des opfers sind schwierige menschen.

es gibt kein wort für eltern, die ihr kind verloren haben, sie sind nicht witwen noch waisen.
    immerhin gibt es ein fremdwort für eine frau, die noch kein kind geboren hat: *nullipara* – aber das klingt scheußlich nach paria und null.
    ein wort für den zustand zwischen jungfrau und mutter fände ich sinnvoll, ohne überzeugende gründe vorlegen zu können.

༄

Lange Überlegungen zu einem Gedicht von Robert Frost.

> The woods are lovely, dark, and deep,
> But I have promises to keep,
> And miles to go before I sleep,
> And miles to go before I sleep.

Streng korrekt übersetzt müßte das lauten:

> die wälder sind lieblich, dunkel und tief.
> doch ich habe versprechen zu halten
> und meilen zu gehn, bevor ich schlafe.
> und meilen zu gehn, bevor ich schlafe.

Ganz nett, mehr nicht. Im Deutschen kein gutes Gedicht.
 So ein Glückspoem, wie ich das nenne, ist nicht texttreu gereimt übersetzbar oder nur unter herben Verlusten.
 Lars Vollert übersetzt es mit

> der wald ist lieblich, dunkel, tief
> doch muß ich tun, was ich versprach
> und meilen gehn, bevor ich schlaf
> und meilen gehn, bevor ich schlaf

Naja. Das ist hübsch, kaum zu tadeln, er hat getan, was ihm erlaubt gewesen war.
 Zurück zu korrekten Rohübersetzung. Nicht zufrieden, geht man daran, dem Original innerhalb seines starren Gerüsts metrisch nachzueifern und eventuell Reime zu installieren
 Funktioniert aber nicht. Die Ergebnisse sähen allesamt aus, als habe man in einem Alien-Film Kreaturen diverser Spezies vermengt zu einem grausigen, nicht lebensfähigen Mischmasch.
 Also werden die Übersetzer beurlaubt, der Spezialtrupp der Nachdichtung kommt zum Einsatz. Dieser stellt fest, daß hier etwas gesagt,

impliziert wird, was im Deutschen mehr Raum benötigt, um anzuklingen. Der Spezialtrupp nimmt sich Freiheiten heraus, um den Gehalt des Originals in die neue Sprache zu überführen. Was man machen kann, ist zu versuchen, die *Atmosphäre* des Gedichts in der eigenen Sprache nachzustellen. Vorhandene Zeilen müssen in ihrem *Gehalt* übertragen werden. Dabei entsteht mehr oder weniger langatmige Prosa, die an Heideggersche Hölderlin-Interpretationen erinnert.

Apropos Interpretation: Sie bildet das Basiscamp der Übersetzung. Der Nachdichter muß Stellung nehmen. Also:

Die Todessehnsucht, die Müdigkeit am Leben erinnert sich der Versprechen, die das eigene Talent dem Leben gegeben hat, nämlich es bis zum Ende mit der eigenen Kreativität zu begleiten, zum Dank für ein Talent, das nur auf natürlichem Wege vom selbstgewählten Frondienst erlöst werden kann. Gedicht über den Vertrag, den der Dichter mit den Göttern schließt. Faustisch auf engstem Raum.

Eine andere Interpretation ist für mich gar nicht denkbar, sehr wohl denkbar ist, daß viele Leser sich eine andere, profanere Interpretation herauslesen, auf die eigenen Bedürfnisse zugeschnitten. Das ist eine Qualität: Wenn etwas, hoch formuliert, in viele subjektive Aspekte zerfallen kann, die deswegen nicht weniger glitzern. Lapidar gesagt: Da ist für jeden was dabei. Gehört in jeden Haushalt.

Ist die Gehalterkundung erstmal erreicht, sind sich Nachdichter und Gedichtgehalt einig, versucht der Spezialtrupp, die benutzten Freiheiten auf ein Mindestmaß zu beschränken, ohne daß der Gehalt gleich wieder hoppsgeht. Er findet Möglichkeiten, Reime zu installieren und das originale Versmaß zu verwenden. Der Preis dafür besteht in einer zusätzlichen Zeile, Tribut an die Fremdsprache.

Es ist dabei Unsinn, zu glauben, im Englischen könne grundsätzlich etwas konziser ausgedrückt werden als in sonst irgendeiner Sprache. Tatsächlich kann in der *Dichtung* etwas konziser formuliert werden als in der *Nachdichtung,* welche Sprache das Original verwendet, ist dabei fast egal. In seltenen Fällen kann die Nachdichtung besser sein als die

Dichtung. Dann war entweder die Dichtung nicht so gut, wie sie hätte sein können, oder sie hat sich tragischerweise der falschen Ursprungssprache bedient. Sehr selten, aber es kommt vor. Hier ist es nicht so, die meiner Meinung nach bestmögliche *Näherung* an Robert Frost lautet:

> dunkle wälder, tief und lieblich.
> gerne schlief ich, wärn da nicht
> versprechen, die zu halten sind
> und meilen noch zu gehn für mich.
> noch meilen, bis ich ruhe find.

Das ist, wie manche einwenden werden, ein Limerick-Reimschema, mit dem Ruch des Komischen behaftet. Aber nur das Komische ist komisch. Ein Limerick-Reimschema, das nichts Lustiges enthält, macht aus melancholischen Zeilen keine witzigen.

gerne schlief ich ist eindeutig ein Übergriff von der Übertragung hinein in die Interpretation, sprich: subjektive Verdeutlichung. Nichts für Apostel des Kargen und Reinen. Aber anders kommt im Deutschen die rechte Stimmung nicht auf. Die überzählige Zeile stört meiner Meinung nach nicht. Früher hätte ich sowas krampfhaft zu vermeiden versucht. Aber was nur krampfhaft vermieden werden kann, sollte man zulassen. Es hat sein inneres Recht, ansonsten es ganz unverkrampft aus der Welt zu schaffen wäre.

Robert Frost gelang hier ein Glückspoem, weil seine Sprache, das Englische, die richtigen Reime barg, um etwas Gültiges formal ohne jede Angestrengtheit zu binden.

Gedichte sind Geschenke an die Muttersprache. Man kann es nicht oft genug sagen.

3. 3., (Rosen-)Montag

Nach Zubereitung einer exquisiten Kartoffelsuppe erstes Mail-Interview zu *UC* für die Kulturnews.
Erste Frage: *Stimmen Sie zu, daß UC unter Ihren Büchern ein eher leicht zugängliches ist?*

Ich war sehr verdutzt und antwortete was von nein, im Gegenteil, sehr schwierig, sehr komplex, und dachte oje, der hat bestimmt nur die ersten Kapitel gelesen. Aber die Frage ist gar nicht unklug gestellt. Leicht zugänglich ist das Buch ja schon. Erst wenn man drin ist, wirds nach und nach schwierig.

☙

In die Stadt, um im Dürnbräu ein Bier mit Dirk Engler zu trinken. Sieht heute sehr russisch aus, macht vielleicht die bojarische Frisur. Befragt, antwortet er tatsächlich, ein Sproß von Rußlanddeutschen zu sein. Und russische, vielmehr ukrainische Nachrichten hat er auch, die *Haltestelle.Geister* betreffen. Das soll schon übersetzt sein und in Kiew und Jekaterinenburgkommen, ganz unabhängig von der Moskauer Aufführung. Das Jahrbuch der Halle 7 sieht prachtvoll aus. In der Fugäzo (ist doch nicht so schlecht, das Wort, klingt wie: puh, geht so) tummeln sich besoffene Jugendliche, die Bierflaschen zerschmeißen. Ich gebe einem Bettler mit Hund zwei Euro und stapfe schamerfüllt an dem Bettler im Rollstuhl vorbei.

Sus Magen-Darm-Geschichte scheint was Übleres zu sein, sie hat die ganze Nacht nicht geschlafen und sich endlich zum Arztbesuch entschlossen.

Der Arzt diagnostiziert eine Gastritis. Ist halb so schlimm, drei Tage nix rauchen, nix trinken, Haferflocken mit Wasser, dann gibt sich das.

☙

Am Abend Interviews gegeben, mit zum Teil sehr provozierenden Fragen, auf die ich ganz kommod reagiert hab. Nur jenes von xxxxxx hab ich gleich abgebrochen, das kam mit der ersten Frage schon so unsensibel daher, daß es Peitschenhiebe aus dem Himmel hätte regnen müssen.

Beatrice streichelt mich ruhig, die Nacht bricht wie ein Dachstuhl über mich herein.

UC ist die Summe meiner Bücher. Alles vorher war Schleichweg dorthin, und blieb auf halber Strecke liegen, war Vorrats-, Munitionsdepot. Ein Biwak gegen diesen Palast.

Endlich ist die Literatur dem Leben wieder eine Steilkurve voraus.

    alle bücher bisher
    waren vororte roms.

4. 3., Dienstag

Hinaus, aufs Feld, bei strahlendem Sonnenschein die verpfützten Äcker auf hinaufgepflügtes Antikes überprüft. Sieben pseudotexanische Reiter kommen uns entgegen, heben die Hand zu den Stetsons, kalte Zigarillos zwischen den Mundwinkeln. Wohl auf dem Weg nach Sacramento.

Anruf bei Marcel. Er hat eben das erste Exemplar von *UC* in der Hand. Soll klasse aussehen. Ich verlange, daß er es mir Express sendet. Kann man doch verlangen, nicht?. Eigentlich könnte er sich auch in die Nachmittagsmaschine werfen und es mir heute noch vorbeibringen. Eigentlich. Ich würd ihm auch was zu Abend kochen. Schon lang nicht mehr hab ich mich auf ein Buch so gefreut wie auf das. Ganz wie früher. Ganz ganz früher. Damals, als die Amsel noch ein scheuer Waldvogel war.

Wieder gehört: eine der besten Platten der Achtziger, heute selten erwähnt irgendwo:
Songs for Drella von Lou Reed und John Cale – im Grunde eine Velvet Underground-Platte – die letzte und vielleicht sogar die beste.
Alles zeitlose, fast klassische Kompositionen, harmonisch ausgetüftelt, schlicht und komplex zugleich, ganz ohne Drums, mit wunderbaren Texten, kein einziger schwacher Song dabei,
Auf eine wunderbar unterkühlte Weise ekstatisch, ohne Altersflecken. Nein, das ist nicht Rock&Roll, das ist Musik weit darüber, das ähnelt weitergedacht dem Liedgut Schuberts und Schumanns, dort, wo es am besten war. Eine Platte, die eine Ära wiedergibt, die fast alles erklärt, aber die Geheimnisse feiert, wo sie Geheimnisse bleiben müssen. Intim, wie kaum Musik sein kann, und sich doch der Oberflächen bewußt, die sie verwendet, der Legenden und Logos.
Man schwimmt in dieser Musik wie in einem dunklen Salzwassertank. Näher ist Pop der Größe selten gekommen. Über viele Jahre hinweg hab ich das begriffen. Zwei zerstrittene Künstler, die sich über dem Andenken eines toten Dritten trafen, zum vielleicht ergreifendsten

Zweckbündnis der jüngeren Zeit. Daß der tote Dritte Warhol war, den ich nie gemocht geschweige anerkannt habe, ist völlig egal. Die Tatsache, daß zwei Musiker jemandem eine solche Hommage widmen, erhebt ihn in einen hohen Rang, er ist zu beneiden. Diese Platte ist mehr wert als alle seine Bilder zusammen, aber wenn er die Kraft hatte, mit seiner Erscheinung einen solchen Nekrolog auf sich zu ziehen, hat er auf seine Weise Ruhm ohne Ende verdient. Manche Künstler sind wichtig nicht aufgrund ihres Werks, sondern aufgrund ihrer Wirkung auf andere. I've learned that.

☙

Heine fragt sich in einem schönen Gedicht, das es folgerichtig zu einem Nistplatz auf seinem Grabstein gebracht hat, wo er wohl einmal begraben werden wird. In der Wüste unter Palmen, unter Linden am Rhein, an einer Meeresküste? Undsoweiter. Ein auffallend menschenleeres Gedicht, in dem, wo das Grab auch immer sein wird, darüber Sterne als Totenlampen schweben werden. Gesetzt, daß Sterne schweben. Bei guten Gedichten soll man nicht pingeln.

Wo ich begraben werden will? Neben Beatrice. Alles andere ist Dekor. Aber wenn tatsächlich irgendwelche netten Mäzene das Wo und Wie beeinflussen können, dann gäbe es die Möglichkeit, daß man unseren Aschemix in den Weltraum schießt und wir eine lange Reise antreten, bevor uns die Gravitationskraft eines Sternes aufsaugt. Wenn das zu teuer ist: Wir würden gern nach unserem Tod ein Grab auf dem Cimitero Accatolico in Rom beziehen. Ein kleines Urnengrab auf der Wiese vor der Sextus-Pyramide, auf daß Katzenpärchen nachts über uns kopulieren.

Beim Abendessen sage ich, was ich eben geschrieben habe, daß es ein schöner Gedanke ist, auf ewig im Weltall zu schweben.

Bea: »Wer sich egal wie beerdigen läßt, schwebt genauso ewig durchs Weltall.«

»Aber auf einer öden Kreisbahn.«

»Nur ein paar Milliarden Jahre. Dann gehts unrund.«

Mail von Arabella, voll Traurigkeit darüber, daß ihre *Melodien*-Übersetzung immer noch keinen amerikanischen/englischen Verlag gefunden hat. Die werfen keinen Blick darauf, nur, weils zuviele Seiten hat und von einem deutschen Autor stammt, das macht mich wahnsinnig.

Meine Cäsar-Version wiedergelesen. Hat mich nicht befriedigt.

In zwanzig Jahren werde ich vermutlich an diese Zeit als eine glückliche zurückdenken. Sie ist es auch. Könnte ich das nur schon jetzt so empfinden. Es ist, als tränke ich von hundert guten Weinen, die alle großartig schmecken, aber der Rausch bleibt aus. Und wenn er kommt, ist er dumpf und schwer, und plötzlich schmecken alle Weine nach nichts.

Im Opernhaus, unerlaubt, neben dem tausendäugigen Inspizienten eine schöne Arie von Puccini hören dürfen, die sich knarzig und staubig neben einem abspielt, hunderttausendfach reproduziert und doch lebendig, kraftvoll, dieses Gefühl auf CD brennen und in Rente gehen – das wärs, eine Phiole voll des Zaubers, als man wurde, noch nicht war. Und über Gebühr genoß, was einem nicht zustand, Schwarzfahrer in einer Trambahn namens Sehnsucht, irgendwohin, behütet von einem Zelt aus Klang. Ja, das wärs. Wenn die Erinnerung zuvor banale Momente nachträglich in den Rang von Gottesbeweisen erhebt. Rücksturz in die Zeit, als man bereits zu jenem wurde, gegen den man sich, bei seherischen Bewußtsein, vielleicht sogar gewehrt hätte, mit Händen und Füßen, mit Augen und Mund.

schlimm finde ich, wenn irgendeine stimmung etwas mit organischen ursachen zu tun hat.

mein körper soll in mein gemüt gefälligst nicht hineinreden, soll sich raushalten, ich will meines geistes kind sein, nicht meines körpers geisel. von meiner fleischlichen basis möchte ich mich distanzieren, es darf nicht sein, daß etwas so plumpes macht über mein denken bekommt, es mit billigen wehwechen dahin und dorthin lenkt. hart genug, ab und an dem schwanz unterworfen zu sein, wehrlos. den innereien, sehnen, muskeln, selbst den lungenflügeln und stirnlappen billige ich das einfach nicht zu. ich erwarte von meinem körper, daß er mir dient, sich mir unterwirft, solange ich ihn nötig habe, widerspruchslos, ob ich ihm gebe, was er braucht oder nicht, er kann auch mal mit weniger zufrieden sein, ich entstamme einem robusten tagelöhner-genpool, kann erwarten, daß mein körper sich nicht auflehnt gegen mich, meine eskapaden duldet, mitmacht. er kann dann sagen, er sei dabeigewesen: das ist doch was, für so einen aus rustikalen quellen zusammengetragenen haufen fleisch und blut.

༄

Der letzte Herbst – was war das für ein Rausch. Stimmt. Wer dergleichen erlebt, darf sich nicht beschweren, wenn er hinterher in ein Loch fällt. Dabei gibts in diesen Mauern viel zu lachen, zu lieben, viel zu arbeiten, zu trinken – und dennoch, über allem liegt ein grauer Schmierfilm, das Zeitfett, von dem ich mich nicht freiwaschen kann. Vielleicht liegt es daran, daß ich tatsächlich bald mit allem fertig sein werde, was ich mir einmal vorgenommen habe. Alle Ziele erreicht, bedeutet: Es waren zu wenige.

Sich neue Ziele stecken müssen, wie eine Slalompiste, wozu genau? Kann man nicht wieder wie U18 durchs Leben gehen, frei von jeder Aufgabe, einfach genießen, leicht und zufrieden? Und das Erreichte abfeiern?
Kann man nicht.
Wer sagt das?
Ich.
Wer bist du?
Du, aber härter.

༄

Von 1996 an habe ich an UC gearbeitet. Und erst im letzten Jahr dazu die Lust bekommen, so, als ob ich vorher nicht reif dazu gewesen wäre. 2000 wirre, unnütze Seiten voller Feinschraffuren und Beschreibungsprotz begannen plötzlich zu verblassen, bis auf die wenigen, die wirklich nötig waren. Die leuchteten. Schon sehr eigenartig. Die Arbeit bestand letztlich nur noch daraus, das verbliebene Material reinzuschreiben und in die rechte Ordnung zu bringen. Ich hatte keine einzige Sekunde das Gefühl, Aufwand zu betreiben.

Wie ich mich Mitte /Ende November gefühlt habe; so etwas ist wohl nur wenigen Autoren vergönnt. Die eigene Fertigstellung mitzuerleben, wie man in einem Zweibilliardenteilepuzzle das letzte an die richtige Stelle legt und endlich den Schampus aufmachen kann. Mir wurde die Ehre zuteil, ein Stück weit auf dem Sonnenwagen mitzufahren. Mir ist die Sonne widerfahren, wie Semele der Blitz des Zeus, nur daß *ich* ihn überlebt habe, was vielleicht auf Dauer gesehen kein Vorteil ist, für kurze Zeit aber unvergleichliches Glück gewährt.

«Wovon reden Sie denn?«
»Vom Schreiben, wie es heute möglich ist. Was sich mit Prosa machen läßt, wenn es einem ernst genug damit ist und man Glück hat. Es gibt eine vierte und fünfte Dimension, die man erreichen kann.«
»Glauben Sie das?«
»Ich weiß es.«
»Und wenn ein Schriftsteller sie erreicht?«
»Dann spielt nichts sonst eine Rolle. Es ist wichtiger als irgend etwas, was er tun kann. Es ist mit Wahrscheinlichkeit anzunehmen, daß er versagt. Aber es besteht eine Chance, daß es ihm gelingt.«
»Aber das, wovon Sie sprechen, ist doch Poesie.«
»Nein. Es ist viel schwieriger als Poesie. Es ist eine Prosa, die noch niemals geschrieben worden ist. Aber sie kann geschrieben werden – ohne Tricks und ohne Schwindel. Mit nichts, das später ranzig wird.«
»Und wieso ist diese Prosa nicht geschrieben worden?«

»Weil es sich um zu viele Faktoren handelt. Zuerst muß Talent da sein, viel Talent. Talent, wie es Kipling hatte. Dann muß man Disziplin haben. Disziplin wie Flaubert. Dann muß man eine Vorstellung haben, wie diese Prosa aussehen kann, und ein absolutes Gewissen besitzen, das so wenig wie das Pariser Meter irgendwelchen Schwankungen unterliegt, um Verfälschungen zu vermeiden. Ferner muß der Schriftsteller intelligent und nicht auf seinen eigenen Vorteil bedacht sein, und vor allem muß er am Leben bleiben. Finden Sie das mal alles in einem Menschen und lassen Sie ihn all die Einflüsse, die auf einen Schriftsteller eindringen, heil überstehen. Das Schwierigste ist, denn die Zeit ist so kurz, daß er am Leben bleibt und sein Werk zu Ende führen kann.«

»Was sind die Dinge, die einem Schriftsteller schaden?«

»Politik, Frauen, Suff, Geld, Ehrgeiz. Und das Fehlen von Politik, Frauen, Suff, Geld und Ehrgeiz.«

(Hemingway – *Die grünen Hügel Afrikas*. Erstaunliches Buch: Wirr, wahr, kraftvoll, ehrlich, eitel, böse, eine agnostische Predigt. Die Aufzeichnung eines Jägers.)

Feuerwerksraketen in der VIP-Lounge des Olymps. Gläserklirren in der Chefetage des Kosmos. Die schwarzen Löcher speien Konfetti. *UC* ist ein Fest. Ständig erbleiche ich vor mir, bete mich an, opfere mir, kreische und tobe, küsse jedes Wort wie einen Gottesbeweis, fühle, wie das Universum unter jedem meiner Sätze etwas kleiner wird; ich bin der einzige Grund dafür, daß es sich dehnt und streckt, es will mir gewachsen sein und schafft es nie; es ist, im Vergleich zu mir ein lebensarmes, ideenloses Etwas, das mich durch seine Quantität aufwiegen möchte. Ha. Und wenn es wieder 1000 neue Galaxien geboren hat, halte ich lakonisch nur irgendeine Seite von *UC* hoch, schon schrumpelt es zusammen, möchte sterben vor Scham, neben mir zu existieren, möchte vergehen vor Glück, mein Zeuge gewesen zu sein. Ich klopfe dem Universum dann auf die Schulter. Du wirst leben, ich muß sterben – da heult das Universum, weint bitterste Tränen, und sogar mir verflüssigt es die Augäpfel, bis nur noch salzige Pfützen in den Höhlen schwappen. Überall im Kosmos singen Engel meinen Namen, in die Stille hinein, die kommende grauenhafte Stille.

das unbedingt so stehen lassen!!!

blau wie drei abendhimmel. morgen das buch in händen halten.

5. 3., Aschermittwoch

Die Expresspost um zehn hält vor unserer Tür, der Fahrer steigt aus, mit einem Paket in der Hand, klingelt beim Nachbarn, steigt wieder ein und fährt davon. So.

Bei Lyon&Turnbull, Edinburgh, wird der Speer versteigert, mit dem Captain James Cook auf Hawaii getötet wurde. Er ging dann in den Besitz seines Offiziers William Bligh über, der die Bounty bis zur Meuterei befehligte. Der Speer wurde irgendwann zum Spazierstock umgearbeitet, seinen Wert schätzt man auf 5000–8000 Pfund.

Um Viertel nach Zwölf geschieht ein Wunder: das Buch kommt doch noch, und zwar mit der ordinären Post, stinknormal frankiert.
 Sieht schön aus. Dunkler als erwartet. Ich halte mein Baby in den Armen. Blaues Lesebändchen. Nabelschnur.

Spaziergang auf dem Hügel mit den riesigen Strommasten, Märzgefühle. Schlacht mit letztem Schnee.

Meldung aus der AZ, die der Welt des *UC* entstammen könnte:
 Der Waldfriedhof vor wenigen Tagen: Um 13 Uhr wird Maria Fleischmann zu Grabe getragen. 89 Jahre alt, Nonne beim Orden der Barmherzigen Schwestern und seit fast 50 Jahren Krankenschwester.
 Und um 14 Uhr? Da wird eine Maria Fleischmann gleich noch einmal beerdigt. Ebenfalls eine Barmherzige Schwester. Ebenfalls eine Krankenschwester. Ebenfalls 89 Jahre alt. Liegt da vielleicht ein Fehler vor?
 Maria Fleischmann und Maria Fleischmann. Die Hauptakteure einer der ungewöhnlichsten Beerdigungen, die München je erlebt hat. Beide teilten den gleichen Namen, den gleichen Beruf, das gleiche Leben. Jetzt teilen Maria Fleischmann und Maria Fleischmann auch den gleichen Friedhof. Beide Fleischmanns starben nur mit ein paar Stunden Abstand im Februar in München, die eine im Waldsanatorium Planegg, die andre im Altenheim

in Berg am Laim. Die eine wurde am 26. August 1913 in Theresienreuth geboren, die andere bereits einen Tag früher. In den Dreißiger Jahren traten beide in den Orden der Barmherzigen Schwestern ein, die eine bekam den Ordensnamen Schwester Martella, die andre wurde Schwester Ursinella getauft.

Und jetzt? Liegen beide gemeinsam auf dem gleichen Friedhof. Allerdings nicht nebeneinander. Ihre Gräber sind 15 Meter voneinander entfernt.

Michael ruft an, erzählt von einem Schnäppchen. Er habe sein Lieblingsbuch von Huysmans *En route* schon immer in der Erstausgabe haben wollen. Bei Livres Anciennes stand es für 25 Euro rum, Erscheinungsjahr 1895.

»Ich dachte, für 25 Euro könne das ja kaum die Erstausgabe sein, habs aber trotzdem bestellt. Und es *war* die Erstausgabe! Ich schlag das Buch auf – und was sehe ich? Eine wunderschöne Widmung von Huysmans an einen Freund.«

Außerdem, erzählt er, haben die amerikanischen Bibliotheken je 50 Exemplare von Dezember, Januar und Februar geordert. Eins für jeden Bundesstaat. Bin ratlos. War auch zu verblüfft, um nachzufragen, was genau die »amerikanischen Bibliotheken« sind.

»Wie heißt das, was du ißt?«
»Totes Rind mit Trauerklößen.«
»Sowas ißt du?«
»Naja. Das Tier ist dann nicht ganz umsonst geschlachtet worden. Obwohl ich vermute, es ist eher sanft entschlafen.«

Ein Rind hat vermutlich kein so langweiliges Leben wie Rosenkohl oder Kartoffeln. Obwohl.

Max Goldt zum Beispiel ist ein großer Autor. Bei fünf Aussagen, die er macht, möchte man ihm dennoch anderthalbmal widersprechen, so, als dürfe sich seine Meinung in keinster Weise von der eigenen unterscheiden, damit der Glückszustand beim Lesen komplett ist. Aber er ist ein großer Autor, nicht obwohl, sondern weil er seine Schnurren und Eigenheiten hat. Zum Fürchten ist das, wieviele Leser vom Autor eigene Überzeugungen nur bekräftigt hören möchten, ihn quasi zum Erfüllungsgehilfen degradieren, der die eigene Meinung *gefälligst* (im wahrsten Wortsinn) formulieren, auf einen poetischen Punkt bringen soll.

In den letzten Monaten habe ich alle Goldt-Bücher gelesen, bestürzt, beschwipst, bekehrt. Bereichert.

Immer mehr meiner Gedichte fangen mit *damals* an. Wo doch erst heute die Zeit gekommen ist, zu ernten. Die meisten Menschen vergöttern das Erlebnis, das Destillat begreifen sie als Abfallprodukt. Ich sehe es genau andersrum.

Es ist ein Zeichen von Kleingeist, Jugend oder ventillosem Überdruß, zu glauben oder gar zu verkünden, man könne nach dem Autor XY nicht mehr so und so schreiben. Das hieße, den Autor XY als jemanden zu diffamieren, der das kulturelle Spektrum verengt hätte.

Aber große Autoren und Künstler verengen nichts, sie verbieten nichts, sie bereichern.

Die einfachste Definition von Kunst ist: Bereicherung der Welt. Erweiterung ihres Horizontes. Dazu kann gehören (muß aber nicht), den vorhandenen Spielraum an den Rändern auszubeulen, das Spielfeld zu erweitern, auch mit der vorhandenen Gefahr, sich in den Maschen dieses Randpionierdaseins zu verfangen.

Wie dem auch sei, das Spielfeld bleibt das Spielfeld. Geradezu schwachsinnig wäre die Forderung, man müsse nun, weil das Spielfeld schon von so vielen beackert worden ist, die Membran durchstoßen und im Nichts weiterarbeiten. Vom Nichts kommt aber nichts. Ein Autor, der den Namen verdient, schöpft aus der Tradition, lernt das Alte, sucht das Neue, und wenn er etwas Neues findet, läßt er es nicht zur Masche verkommen, sondern fügt es ein als neues Stückchen (mehr ist es ja nie) ins Arsenal der Möglichkeiten.

wenn ein sonst ernstzunehmender dichter sagt, man darf das und das nicht tun, um dies oder jenes zu erreichen, bedeutet das nichts anderes, als daß es ihm nicht möglich war, dies und jenes zu erreichen, ohne auf das und das zu verzichten. bei dichtern späterer baujahre kann sich genau das gegenteil als reizvoll und richtig erweisen – und wenn es sich nicht im ergebnis niederschlägt, so kann es zumindest als neue aufgabenstellung attraktiv gewesen sein.

6. 3., Krokustag.

Nach dem Frühstück in die Stadt. Bea sieht sich *Goodbye Lenin* an, ich streune durch die Kaufhäuser, ohne Wunsch und Plan, nur um mal nicht am Schreibtisch zu sitzen. Könnte ich mich mit einem guten Buch hinsetzen, das wäre schön.

Einladung zum Interview mit der Sendung *Lesezeichen* auf Bayern 3. Abgesagt. Es gab Zeiten, als ich mich geärgert habe, weil die nie was von mir wollten und immer nur die langweiligsten Bücher besprachen. Jetzt –
 Grad denke ich, ich hätte doch die Interviews mit *Bunte* und *Gala* machen sollen. Was dabei rausgekommen wäre? Eigentlich spannend. Und wenn mich in zwanzig Jahren keiner mehr kennt, könnte ich in dumpfen Kaschemmen am Tresen hocken und sagen: Damals, als die *Bunte* und die *Gala* über mich berichtet haben... Echt? würde dann eine fettige Barschlampe sagen und näher an mich ranrücken.

Schreckliche Bilder aus Gaza, die Armee beschießt Feuerwehrmänner, die ein brennendes Haus löschen, redet von bewaffneten Palästinensern, feuert in die (unbewaffnete) Menge und nimmt Verwandte von Terroristen in Sippenhaft. Diese altbiblische Auge-um-Auge-Strategie heißt gegen Terrorismus Staatsterror zu setzen. Wenn der von Erfolg gekrönt wäre, könnte man noch darüber diskutieren.
 Bin Laden soll am Leben sein, die special squads seien ihm angeblich hart auf den Fersen. Ich muß sagen, wenn er am Leben ist, dann war es äußerst raffiniert von ihm, Lebenszeichen so zu streuen, daß alle glaubten, er *müsse* tot sein. (Tonbandaufnahmen ohne Bild, schwache Tonspuren mit nicht eindeutig zuzuordnender Stimme etc.)

Die erste Kritik zu *UC* bekommen, Spiegel Online. Sehr gut. Die restlichen werde ich nicht lesen.

Abends die DVD von *Lost Highway*. Zuvor schwacher Film, jetzt toller Film. Vorher war ich doof, jetzt nicht mehr so. Ich muß wirklich vernagelt gewesen sein.

Lost Highway ist langsamer, etwas weniger unterhaltsam und aufgesetzter als *Mulholland Drive*, definitiv abstrakter, kühler, asketischer, grausamer, aber von einer sagenhaft durchkomponierten Bildsprache und Setbeleuchtung und einer – bei aller Weite – kammerspielartigen Intensität. Wenn man das Defizit an logischer Stringenz akzeptiert, entsteht prompt eine ganz neue, eigene Logik. Traumlogik, Höllenlogik, bzw. die Logik aus der Perspektive des geisteskranken Schizophrenen. Mit Zeitschleife. Könnte man noch lang drüber schreiben, hab ich jetzt keine Lust. Aber etwas fällt mir ein, das mich verstört wie sonst kaum was. Wenn Anfängerarbeiten höher gehandelt werden als Meisterwerke. Zum Beispiel gibt es Leute, die die ersten beiden Placebo-Alben, die ganz nett sind, kaum mehr, über einen Meilenstein wie *Black Market Music* stellen.

Ähnlich bei der Lynch-Rezeption. Über *Blue Velvet* schwebt so eine seltsame Aureole. Da hat Lynch doch noch geübt. Ich verstehe nicht, wie irgendjemand diesen interessanten, talentierten, aber simplen und in seiner Dramaturgie, seinen Stilmitteln und seiner Tiefenschichtung noch unausgegorenen Film über Meisterwerke wie *Mulholland Drive*, *Wild at Heart* und *Lost Highway* stellen kann. Für den eher nervtötenden *Eraserhead* gilt dasselbe, und sogar *Elephant Man* ist lange nicht so gut wie seine Verklärung suggeriert. David Lynch ist einer, der beweist, daß die besten Künstler eben doch weit länger als nur ein Jahrzehnt wirklich stark sind, eine lange Entwicklungsphase bis zur Meisterschaft brauchen und auch dann noch immer besser werden können. Man übertreibt gern, wenn man vom Verschleiß als Zwangserscheinung redet. Sicher kommt irgendwann der Abbau der Physis, man wiederholt sich auch mal, zitiert sich selbst, aber gegen alle sonstigen Gefährdungen, die vor allem Ruhm, Routine und Sattheit mit sich bringen, kann man sich ganz gut zur Wehr setzen, sofern man drauf Wert legt. Wobei es zwei Sorten von Routine gibt, eine positive, der man vertrauen darf, die nichts anderes als perfekt gewordenes Handwerk und Selbstbewußtsein kombiniert darstellt, und die andere, die aus fehlender Ambition oder falscher Motivation abgeleitet ist.

Su geht es besser, sie raucht wieder.
 Spätnachts noch am Cäsar gearbeitet. Mit defätistischem Bordun. Meine Cäsar-Bearbeitung wird einmal genauso vergessen sein wie jene Hebbels, da mach ich mir keine Illusionen. Schuld ist der Purismus, der bereitwillig hinter einem großen Namen auf der langen Schleppe alle Scheiße mitschleppt, die je aus seinem Arsch zu Boden fiel.
 Mein neuer Schluß ist möglicherweise weniger schlecht, aber auch nicht überwältigend gut. Ich hätte Akt Vier und Fünf komplett neu erfinden müssen, aber das habe ich mich nicht getraut. Falscher Respekt. Vielleicht sollte man das Stück nach dem dritten Akt abbrechen.
 Ich bin mir sehr sicher, daß Akt Vier und Fünf entweder nicht aus der Feder Shakespeares stammen oder Jahre später von Schauspielern aus ihrer schummrigen Erinnerung niedergeschrieben wurden. Entstellt.

Harald Schmidt, sinngemäß einmal: Erfolg ist, wenn man sich Kritik aus dem Umfeld endlich verbitten kann. Kritik hat man vorher lange genug ertragen müssen.

Seiner Meinung nach ist Erfolg die Diktatur im beruflichen Umfeld, die Autarkie, das Unbehelligtsein von Lästerzungen. Damit hat er Recht. Aber wer diesen Zustand erreicht, geht leicht in eine Falle oder unbewußt sogar in Rente. Ich habe weißgott viel Kritik ertragen müssen, oft völlig idiotische, absurde, bösartige. Aber ich muß zugeben, es hat mir etwas gebracht, nicht das, was der absurdbösartige Idiot intendiert hatte. Doch etwas anderes. Auch negative Räume sind Erweiterungen des Spielfelds. Und es gab die konstruktive Kritik von Freunden, manchmal nur gutgemeint, manchmal aber hilfreich.

Ich sehe, wie einige meiner Freunde, von denen ich nicht mal mehr weiß, ob sie noch meine Freunde sind, diesen Zustand der Autarkie erreicht haben – und fast alle werden darüber verrückt, berauschen sich an ihrer Macht, maßen sich Kompetenzen an außerhalb ihres Könnens, leben Omnipotenzphantasien als Mittelpunkte ihrer neugeordneten Welten. Das ist Unsinn. Die Macht muß man schon vorher haben, alleine mit sich – und mit all der Kritik um sich herum. Der Glaube, Macht über Ruhm, Einfluß oder Geld zu bekommen, ist einfältig. Viele dieser Neudiktatoren haben wohl reale Macht, aber nicht die nötige Macht über sich selbst. Sie gehen in die eigengegrabene Falle, in die Hybris. Nicht umsonst sind oft jene Künstler die stärksten, die ihr ganzes Leben unberührt blieben. Sie wurden ihr Leben lang stärker, ihre Außergewöhnlichkeit wurde von Normalität beschützt.

Natürlich gibt es Ausnahmen, all jene, die den Ruhm und die Macht nicht in den Bereich ihrer Kunst vordringen ließen, oder solche, deren Werk im Wesentlichen schon beendet war, als der Ruhm sie ereilte, die danach dasselbe nur noch in Variationen ablieferten.

Über solche Fragen steht in *Die grünen Hügel Afrikas* alles Wesentliche en detail.

Schön wenn man etwas deligieren, auf etwas verweisen kann.

1:30 Mail:

Lieber Helmut
Deinen Zeilen zu Gangs of NY habe ich nichts hinzuzufügen.
So ist dieser Film. Was für ein Fiasko. Man will es nicht glauben.
Übermorgen flieg ich wieder hin, in diese Stadt an der Ostküste jenes Landes, das gerade von allen guten Geistern verlassen zu sein scheint. Ich hab jetzt eine Wohnung dort, denn trotz allem ist New York zur Zeit der einzige Ort, an dem ich schreiben kann. Was nicht heisst, dass dabei Gutes rauskommt, aber immerhin kommt überhaupt was raus aus mir.
Tom

Beunruhigend, wenn man die eigene Kreativität lokal bedingt. Aber wenn es so ist.
Spät noch Anja zum Geburtstag gratuliert.

❦

Die Journalistin vom Spiegel fragte, ob ich Arndt Hermannstein überhaupt mögen würde.
»Er ist mir sehr viel näher als etwa Johanser, und er ist selbstverständlich ein klassischer Antiheld, Erotomane, nie ganz zufrieden, etwas zynisch, leicht arrogant, einseitig begabt, von Wehmut geplagt, nicht besonders entschlußfreudig, jemand, der mit dem eigenen Untergang kokettiert, aber er macht im Laufe des Romans, das darf man nicht übersehen, eine starke Entwicklung durch, wird geradezu liebenswert. Finde ich. In meinen Büchern gibt es wenig Schwarz-Weiß. Immer nur Grau in Grau.«

Arndts behutsamer Reifeprozeß in dem Roman, Frauen irgendwann nicht mehr nur nach ihrem Nutzwert zu bemessen, enthält von Beginn an eine reflexiv-selbstkritische Ebene, die manche Testleserinnen nicht wahrhaben wollen. Als seien die meisten Männer darin nicht noch viel rigoroser als Arndt, der die Frauen seines Lebens zumindest als Fenster seines Hauses darstellt, nicht als Bohlen im Parkett. Gerade er sucht weibliches Verständnis, sucht eine Gefährtin, Gespielinnen hat er genug gehabt. Und als er endlich eine findet, beschließt die, ihn zugunsten eines offensichtlich interessanteren Mannes zu verlassen. Wie das Leben so spielt.

Arndts bitterer Rückblick auf eine Existenz, die vor allem deshalb tragisch ist, weil die einzige wahre Liebe zugunsten eines imaginären Plans von Glück und Karriere und Künstlertum aufgegeben wurde. Das ist so menschlich und archaisch. In der Auseinandersetzung zwischen Arndt und Sam, zweier antipodischer Positionen zur Kunst, eine starke weibliche Protagonistin zu vermissen, hieße das Thema des Romans zu mißbilligen. Arndt, der Geld hat, der sich tägliche Befriedigung leisten kann und auch leistet, wie jeder Mann sie sich genehmigen würde, der über die nötigen Mittel verfügt und noch Hormone im Körper beherbergt, agiert einfach nur unverstellt, wahrhaftig, überhaupt nicht chauvinistisch. Er verachtet die Frauen nicht, er verehrt sie sogar, auf seine Weise brüllt er nach ihnen. Wünscht sich eine herbei, die für ihn da ist, die dennoch verehrungswürdig bleiben kann.

Eine solche trifft er nicht, nur solche, die ihn seinerseits benutzen.

Es gibt für eine Romanfigur tatsächlich so etwas wie einen Hyperchronos – das ist die reale Welt des sie erschaffenden Autors. (Eigentlich eher ein Hyper*space*, aber der HC ist auch ein *space*.) Wir sind von unserem HC so weit entfernt, wie die meisten Romanfiguren von ihrem. Nur Arndt wird ein Blick in die höheren Gefilde erlaubt – das ist locker einen Fenstersturz wert.

Die eigentlich tragische Figur im Roman ist Kurthes, der vermeintliche Schöpfer, der erkennen muß, selbst nur Figur, Marionette zu sein, der sich so offensiv wie vergeblich zurückträumt in die Zeit, als er nichts davon wußte. Als er groß – und noch sterblich war. Kurthes endet als Karikatur und weiß davon, selbst und gerade im Moment des höchsten irdischen Triumphes. Grausamer gehts nicht. Immerhin kann er auf ewig mit Ala zusammensein.

Zum ersten Mal war ich für meinen unheroischen Vornamen dankbar. Sonst hätte ich mir den Gag mit dem Maximus Creator nicht leisten können. Leider wird für viele selbst dann die Selbstironie nicht klar. Der Autor eines Buches ist für die Romanfiguren nun mal sowas wie ein Gott, darin liegt doch keine Anmaßung.

Das Mitleid mit aller Kreatur, der Karfreitagszauber, obsiegt in *UC* über den Adler von Sils-Maria. Aber innerhalb der Dramaturgien des Tragischen ist das nur natürlich. Deshalb geht Arndt ja unter. Tragisch-logisch sozusagen.

☙

Diesen und jenen meiner Freunde verehre ich wirklich. Ganz ohne Neid und Mißgunst. Doch genau jene Freunde verliere ich regelmäßig durch vielleicht berechtigte, aber vorlaut geäußerte Sorge, wenn ich zum Beispiel durch die Blume sage (und die Blume mildert da überhaupt nichts): *Du könntest mehr aus dir machen, wenn das und das nicht wäre* – es ist lieb gemeint, wird aber oft als Vorwurf und Beleidigung empfunden, nicht als Versuch, einer Person zur Optimierung zu verhelfen. Es stimmt, man müßte diesen Freunden zugestehen, sich selbst so und so erschaffen zu haben, weswegen man sie auch genauso nehmen müßte, wie sie sind.

Das kann ich eben nicht. Ich sage jedem, der mir am Herzen liegt, was mir meiner Ansicht nach an ihm verbesserungsfähig erscheint. Meistens habe ich damit Recht, sonst wäre es für diese Freunde ja ein Leichtes, gnädig darüber hinwegzusehen. Mich zu ertragen, fällt schwer, weil ich nie das Maul halten kann. Die Motivation, die dahinter steht, ist offenbar nachrangig. Vielleicht bin ich nur ein ekelhafter Besserwisser und Missionar, aber wo immer ich ungenutztes Potential entdecke, da kann ich nicht anders, ich muß es zur Sprache bringen. Wär ich zynisch gewesen, ich hätte viele Freunde behalten. Beunruhigender Satz.

7. 3.

Ereignisloser Tag.
Ich finde es unverantwortlich, daß die Medien den Zuschauern suggerieren, es gebe vielleicht doch noch eine, wenn auch geringe Chance auf Frieden. Der Krieg ist beschlossene Sache.

Das Kluge, das einer sagt, wird irgendwann selbstverständlich und also banal. Die viel interessanteren Stellen in einem Tagebuch sind jene, in denen die Aura einer Zeit festgehalten wurde, das Unverwechselbare, oft Unscheinbare, das darin wie in einer Kapsel erhalten geblieben ist, und wenn man draufbeißt, sozusagen, wird man mit einem fremdgewordenen früher vertrauten Arom konfrontiert

∽

die freigabe von kokain
ist indiskutabel.
ein satz mit kain und abel.

∽

unter der weißen schicht liegt der schwarze text, wir kratzen nur einen winzigen teil von ihm heraus, alles andere bleibt verborgen. der text ist schon da, bevor wir den stift ansetzen.
text ist blut.

Heute vor einem Jahr sah ich Heiner zum letzten Mal, wir saßen mit Girgl und Norbert Niemann im Gasthaus und verglichen unsere Lebenspläne.

Es gibt eine Anekdote aus dem letzten Jahr, die mich unter anderem angeregt hat, Goldt zu lesen. Wie hieß der Typ? Ralph? Weiß nicht mehr, scin Mädchen hieß jedenfalls Jaqueline. *Jaqueline gilt als eine der begabtesten Ohrlochstecherinnen von Darmstadt-Zentrum.* So der Eindruck, den ich nach einem kurzen Gespräch mit ihrem Freund gewinnen mußte. Er stellte sich als Leser meiner Bücher vor, »besonders der frühen«, die er auch zum Signieren mitgebracht hatte.

Während er mir beim Signieren penibel genau zusah, zeigte er ebenso penibel stolz auf die neben ihm hochrot lächelnde Jaqueline, offenbar Nichtleserin meiner Bücher, aber immerhin Zeugin meiner Lesung. »Das ist Jaqueline. Schreibst du noch rein: *Für Jaqueline?* Sie ist eine hochbegabte Ohrlochstecherin. Ich dachte, das könntest du verwenden.«

»Ich trage keine Ohrringe«.

»So mein ich das auch nicht. Aber Ohrlochstecherin, hochbegabt – das hat doch was, oder?«

»Hmmhm«, sagte ich.

»Also Max Goldt würde daraus was machen«, sagte er. »Max Goldt ist mein anderer Held.

Nicht so spannend und einlullend wie Du, aber klarer. Näher am Leben. Und lustiger. Viel lustiger. Mit Feingefühl. Früher hast du dich ja auch noch mehr um so Wortwitze bemüht, aber inzwischen denkst du ja nur noch nach, ob man auch alles in jede Sprache übersetzen kann. Stimmts?«

»Stimmt«, sagte ich. Jaqueline lächelte bemüht.

»Wenn Du Max Goldt triffst, der ist ja jetzt auch bei Rowohlt, sag ihm doch einen schönen Gruß von Ralph und erwähn das mit der Ohrlochstecherin, das kann Max sicher noch irgendwie ausbauen.«

Da ich bei Rowohlt bin und meinen Kollegen Goldt Mittag für Mittag in der Rowohlt-Kantine treffe, gab es keinen Grund, Ralph zu enttäuschen. Ich würde mich gleich nächsten Montag darum kümmern. Er holte weitere Bücher aus seinem Rucksack. Ich fragte mich zum ersten Mal ernsthaft, ob ich nicht in meinem kurzen Leben ein paar Bücher zuviel geschrieben hatte.

»Schreibst du rein: *Für Jaqueline und Ralph? In Freundschaft Euer?*«
Schrieb ich.

In Köln hatte mich mal ein Teeniemädel gebeten: IN LIEBE DEIN zu schreiben. Gott, warum nicht? Ich hätte mir von ihr durchaus diese oder jene Gefälligkeit gefallen lassen, also warum umgekehrt kleinlich sein?

»Jaqueline hat noch nichts von dir gelesen, aber das wird sie noch machen.« Jaqueline nickte. Er überlegte, was er mir über seine Freundin Lobendes sagen konnte, ohne anzüglich zu wirken. »Natürlich sticht sie nicht immer Ohrlöcher, sie sticht auch Nasenlöcher, also sie sticht Löcher in die Nase, nicht ins Nasenloch, klar?«

Mir war durchaus klar, was er meinte. Ich gab ihm die signierten Bücher.

»Piercing im engeren Sinn macht sie aber eigentlich nicht. Sag mal, warum machst du in die Bücher immer nur dein Kürzel rein?«

»Kürzel? Nein, das ist meine Unterschrift.«

»Kann doch niemand entziffern.«

»Das ist bei Unterschriften manchmal der Fall.«

»Naja, aber deine Unterschriften hier sehen immer ein wenig unterschiedlich aus.«

Er legte mit aufgeklapptem Zeigefinger ein paar der aufgeklappten Bücher vor mich hin und verglich. Zeigefingrig und schnutenziehend.

»Das passiert«, so meine Entschuldigung »weil ich auch nach einer Lesung noch aufgeregt bin, zweitens Schwierigkeiten mit der Motorik bekomme, wenn ich viele Unterschriften hintereinander abliefern muß.«

»Echt? Wahrscheinlich denkst du, die Leute finden das süß, aber es wirkt nicht besonders professionell.«

»Ich denke gar nicht drüber nach, wie die Leute das finden.«

»Ja, das mein ich. Stell dir mal vor, ich zeige jetzt diese Bücher meinen Freunden. Die sagen doch: *Hmmm.* Verstehste?«

»Nein?«

»Die halten mich für einen Fälscher, oder sie sagen, was isn das fürn Typ, der nichtmal seinen Namen immer gleich schreiben kann? Macht keinen guten Eindruck.«

»Schau Ralph, ich werde üben, in Ordnung? Hinter dir stehen noch ein paar Leute.«

»Hast du vielleicht ne Mailadresse?«

»Was ist das?«

»Solltest du haben. Du hast nichtmal ne Homepage mit Gästebuch. Unprofessionell. Max Goldt hat eine. Geh da mal drauf. Die ist toll gemacht.«

»Okay.«

»Und wenn du doch mal n' Ohrloch gestochen brauchst: Jaqueline macht das super.«

Ich war kurz davor, aus tiefster Vergangenheit ein paar schlechte Lochstecher-Witze hervorzukramen, doch in diesem Moment beugte sich Jaqueline zu mir herab, eine kaum zwanzigjährige brünette Stupsnasenunschuld. Sie sah mir zum ersten Mal direkt ins Gesicht, flüsterte, sanft, in Milch und Honig gebettet, mit einer leicht lispelnden Engelszunge: »Ralph liebt Ihre Bücher nämlich sehr. Er redet ganz oft von Ihnen.« Sie hakte sich ein bei Ralph und zog ihn und seinen Rucksack langsam vom Signierpult fort. Ich sah den beiden lange nach, ehrlich bewegt. Ehrlich.

»Schreiben Sie bitte: *Für Julia?*«

Ich schrieb: IN TIEF EMPFUNDENER LIEBE. JULIA, ICH DANKE DIR. FÜR ALLES.

Der Skandal danach war gar nicht so groß, wie in der ersten Fassung dieser Geschichte erschwindelt. Julia wurde einfach nur rot, grinste und ging.

Max Goldt schrieb mir später, daß er gar keine eigene Homepage hat – und das stimmt, sie wird von einem Fan betrieben. Das wenn ich gewußt hätte! Ich hätt es diesem Ralph gesagt. Ach was, gesagt! Ins Gesicht geschleudert!

༄

Maxim Billers Roman *Esra* darf per einstweiliger Verfügung nicht mehr ausgeliefert werden.

Versteh ich nicht. Erschreckt mich. Wenn Roman draufsteht, ist Fiktion drin. Wenn die Fiktion autobiographisch gefärbt ist, nimmt man falsche Namen, das hat er ja wohl auch getan – wie kann sich da jemand erfolgreich auf Persönlichkeitsrechte berufen? Und so holterdiplop eine EV erwirken? Ein Skandal ist das. Und sein Lektor wird zitiert mit dem Satz, man *erwäge* gegen das Urteil juristisch vorzugehen. Wieso *erwäge*? Da muß man alle Kanonen durch alle Instanzen schieben.

☙

Beatrice hat für ihre Lara-Croft-Level vom Userforum viermal die Höchstwertung von zehn Punkten bekommen, ist ganz aufgeregt und glücklich. »Meine erste Kritik!« Morgen muß ich mir die Level endlich ansehen.

☙

Alles ist lächerlich, nur der Tod nicht.
Angeblich von Thomas Bernhard. (heißt es gerade bei *Danke, Anke!*)
Den Satz kannte ich nicht, mein Satz:
Alles ist lächerlich, nur der Moment nicht. (Vision-Callas-Gedicht.)
bezog sich nicht auf Thomas Bernhard, aber er stellt unsere diversen Standpunkte so exemplarisch aus, daß mir ganz wohl wird. Ein jeder pflege seine eigenen kleinen Nicht-Lächerlichkeiten. Aus einem schönen Satz ist ein Gegen-Satz geworden. Gut.

Was habe ich heute bloß gemacht? Nix. Nichtmal gelitten darunter. Gelesen, daß das neue Stück von Pollesch an der Volksbühne von derselben Idee lebt wie die Geschichte, die ich neulich geschrieben habe. Egal.

Das Schiller-Archiv in Marbach bittet um einen kurzen Text über meine Eindrücke vom Archiv, fürs April-Magazin. Salär: 33 Euro und drei Gratisexemplare.

Im Streichelzoo der Superhelden.

Am Morgen nach meiner Lesung aus der *Schmerznovelle* zeigte mir der Leiter des Archivs in Marbach im weiträumigen Untergeschoß dieses und jenes, unendlich vieles, darunter in einem Nachlaß auch Briefe von meiner eigenen Hand, die ich vor etlichen Jahren einem inzwischen toten Helden geschrieben hatte. Peinlicher Moment, etwas derart Intimes wiederzusehen, ausweglos für die Öffentlichkeit dokumentiert. Ich bekam laszive Photos von Speedy Schlichter, der Frau meines Lieblingsmalers, zu sehen, bekam Einblick in verworfene Drehbuchentwürfe berühmter Autoren, mir wurde sogar der Genuß einer Lebendgipsmaske von Durs Grünbein zuteil. Am Ende des Rundgangs führte der Archivleiter mich zum Heiligsten, öffnete den Stahlschrank, gab mir zwei Hölderlin-Gedichte auf die Finger. Dünnes Papier, kaum verblaßte Tinte, ich hätte die Blätter zerknüllen oder auffessen können. Nicht, daß ich ernsthaft darüber nachdachte, aber die reine Möglichkeit dessen schockierte und faszinierte mich mehr, als Zeilen dieses Dichters zu berühren, der zu den mir Wichtigsten gehört. Obwohl selbst Autographensammler, halte ich Papier, selbst solches, das die Größten benutzten, nicht für arg viel mehr als benutztes Papier, sakrosankte Gedanken sind mir in Bezug auf Materie fremd. Autographen sind innige Anhaltspunkte, haptische Eselsbrücken in der gedanklichen Beschäftigung mit dem Idol, mehr nicht.

Aber diese engen, kleingeschriebenen Zeilen einer fast weiblichen Handschrift zu lesen, in ihrer ersten Inszenierung sozusagen, schuf zwischen ihnen und mir einen mehr als vierdimensionalen Raum, eine Kapsel aus sonderbarem Licht der Empfindung, etwas Mythisches wurde ganz menschlich, wahrhaftig und erschütternd. Da ging etwas hin und her, ich glaubte eine Kraft zu spüren, die sich seit Jahrhunderten wie ein Schutzfilm über die Blätter gelegt hatte. Ich kann nicht ausschließen, daß irgendwann jemand eine ähnliche Gelegenheit benutzen wird, sich Hölderlins Gedichte in den Mund zu stopfen und sich dabei vielleicht sogar mächtig aufbegehrend vorzukommen. Ich hatte viel Spaß bei der Überlegung, was mit den Blättern geschähe, könnte man sie dem Maul des überwältigten Irren entreißen. Würde man die verspeichelten, zerkauten, unlesbar gewordenen Klumpen dem Mülleimer übergeben oder in irgendeiner Art weiterhin konservieren? Und wie würde bürokratische Terminologie einen solchen Vorgang benennen? Egal, was geschähe, in diesem Moment hörte ich Hölderlin lachen. Hölderlin hatte in den Ohren meiner Phantasie nie vorher gelacht. Geweint ja, geschrieen ja, aber gelacht? Nein. Und es war das hellste, melodiöseste Lachen, das ich aus der Kehle eines Mannes je gehört habe. Manchmal, wenn ich schreibe und ein wenig getrunken habe, kommt es wieder, dieses elegische Lachen, aus einer dunklen Ecke meiner Seele kommt es, öffnet eine Zeitschneise in den Raum, macht mich privilegiert und glücklich.

Der Archivleiter bot mir übrigens noch Handgeschriebenes von Goethe und Schiller an. Das von Schiller betatschte ich respektvoll, aber kurz, jenes von Goethe ging ungestreichelt zurück in die Samtbox.

Und Hölderlin lachte erneut, seither sind wir auf Du.

apropos: heute bei *wer wird millionär* die 16.000 euro-frage ans publikum:

wer erschoß sich und seine freundin henriette vogel am 21.11.1811?: a. kleist. b. goethe c. schiller d. lessing.

goethe bekam 20%. alle vier übersprangen die 5%-hürde. kleist lag bei 46%. kleist bekam keine absolute mehrheit mehr.

kaum was ist so lächerlich wie der tod.

8. 3.

Mit einer Zeitung über den Abdruck eines Textes verhandelt. Die boten mir genau ein Sechstel dessen, was ich wollte. Minusrekordverdächtig. Dann halt nicht.

Anruf bei Michael. Gemeinsames Wolfsheulen über zunehmende Verrohungssymptome. Zum Beispiel: Fast alle Boulevardblätter sind langsam auf das Niveau der Bildzeitung gesunken, die ihrerseits noch durch den Meeresboden gebrochen ist. Schlagzeilen wie *Oliver Kahn – wird seine Frau ihm je verzeihen?* Unglaublich. Was hat er denn verbrochen?

Die bigotte Schere sorgt für ein unerträgliches Klima.

Ganz bewußt erschaffen die Medien eine Puppenstuben-Atmosphäre auf dem Stand der Moral von 1955. Warum? In einer Gesellschaft sexueller Libertinage (und diese haben wir ja insgeheim, in der nicht-öffentlichen Abteilung) gäbs keine Skandale mehr, mit denen die Blätter täglich gefüllt werden müssen, um den Voyeurismus zu bedienen.

Journalistische Ethik dagegen geht völlig vor die Hunde. (»Hier sehen Sie die Wohnung des Partyluders, die Türklingel dürfen wir Ihnen aber nicht zeigen...«) Über Werte wird nur noch gelacht. *Regeln sind für Schwache,* hieß der Werbespruch von *Anatomie 2.*

Inzwischen versuchen viele Leute buchstäblich alles, um Erfolg zu haben, mit irgendwas, auch ohne jedes Talent. Man hat ihnen eingeredet, daß in dieser Gesellschaft nur etwas ist, wer Erfolg hat. Und das stimmt ja – in *dieser* Gesellschaft. Auf die man sich zum Glück nicht einlassen muß. Aber dazu muß man stark sein.

Andererseits wird den Leuten suggeriert, daß man selbst ohne Talent zum Erfolg kommen kann, indem man einfach nur frech, originell, spektakulär, eigenartig sein muß. Das reicht tatsächlich für einen kurzen Erfolg, der danach mit einem Leben in Unzufriedenheit bezahlt wird. Das ist eine Gesellschaft, die den Menschen verhöhnt und betrügt, benutzt und mißbraucht, unter Druck setzt, verachtet. Für ein paar wenige, die im Scheinwerferlicht und im Geldtopf schwimmen, leben Millionen mit dem Trauma, ein Leben dritter Klasse zu führen. Die Jugendlichen auf den Schulhöfen bewaffnen sich zunehmend. Neurotische, verhaltensgestörte Generationen wachsen heran, üben für den Kampf ums Geld. Ich habe mich lang geweigert, diese Entwicklungen als alarmierend zu empfinden, habe befürchtet, zu übertreiben, alt zu klingen, defätistisch. Nun geht das nicht mehr.

ob kerner, roberto blanco, reich-ranicki, dieter bohlen, boris becker, jürgen fliege, ralph siegel, elke heidenreich, verona feldbusch, alice schwarzer, schlingensief und die neunhundert anderen – man muß kapieren, daß das alles nur masken ein und derselben figur sind.

die verblödungsgesellschaft bedient man, sobald man sich mit ihr einläßt. egal wie.

Wie könnten Lösungen aussehen? Reanimierungen starrer Wertsysteme? Autorität in der Erziehung? Bildungszwänge? Freiwillige Selbstbeschränkung der Animationsgesellschaft? Alles aussichtslos. Eine Gegenbewegung ist dennoch mehr als wahrscheinlich. Nur eben nicht vorstellbar. Wenn sie kommt, wird sie, in egal welcher Form, überraschen.

Ohne Repressionen in der Kindheit empfindet man erlangte Freiheit nicht als Ekstase.

Es stimmt, ich finde die Jugend zu verzärtelt, gehengelassen, im schlimmsten Wortsinn unbekümmert. Ich glaube, daß Kinder Härte vertragen. Und Härte ist die beste Vorbereitung auf das Leben. Der Punkt ist, daß sie die Härte als gerecht empfinden müssen. Kinder haben bewußt wie unterbewußt Verständnis für eine gerechte Bestrafung. Nur Ungerechtigkeit traumatisiert. Ich habe alle Prügel vergessen, die ich bekam. Nur an die, die ich für nichts bekam, erinnere ich mich noch. Ich finde es in Ordnung, wenn Kinder mit dem Erreichen der Volljährigkeit im Haß von ihren Eltern scheiden, solange danach irgendwann eine Versöhnung folgen kann. Das ist natürlich. Eltern, die diesen temporären Haß partout vermeiden wollen, die die Revolte unter

Gluckenliebe ersticken, tun ihrem Sprößling nichts Gutes, sind selbstsüchtig, rauben ihrem Kind einen Teil Energie, den es in der Spätpubertät aus purem Haß bezieht und manchmal in Kreativität verwandeln kann. Der Haß, der bald verfliegt, richtet sich gegen die Eltern, nicht gegen Umwelt und Gesellschaft. Das ist ein rituelles Opfer, das Eltern bringen sollten, leider zunehmend nicht mehr bringen wollen.

Übel: Charlie Chaplin, der neben seiner genialen Kunst zehn Kinder in die Welt gesetzt hat, wird in einem Fernsehbeitrag dafür verurteilt, daß er für diese zehn Kinder zu wenig Zeit erübrigt, mit ihnen nicht oft genug gealbert hat, zu Hause streng gewesen ist, etc. Sowas will ich einfach nicht mehr hören. Kinder sind Scheiße für die Kunst. Sollen still sein und nicht mucksen, sollen dankbar dafür sein, daß sie neben der Kunst, egal wie, ihren Weg in diese Welt gefunden haben, und im Falle der Vaterschaft Charlie Chaplins und seiner Schweizer Villa sicher nicht den unangenehmsten. Welch dreistfeiste Mütterkultur hinter solchen Fernsehbeiträgen steht, ohne jeden Sinn fürs Wesentliche, da werde ich brutal.

Nachmittags zeigt mir Beatrice das erste ihrer sechs LaraC-Level, schränkt dauernd ein, da habe sie noch geübt. Dabei ist es außerordentlich beeindruckend. Was an Arbeit dahintergesteckt haben muß, gar nicht auszudenken. Bin völlig geplättet und sehr sehr stolz auf sie. Hatte mir das in diesem Ausmaß nicht vorgestellt. Und war oft entnervt gewesen, wenn sie stundenlang das Netz belegt hatte. Sie meint, der Jubel der LC-Gemeinde sei ihr ganz peinlich. Wenn man sich schon mit etwas Mühe gibt, das schön werden soll, kann man sich gleich auch noch ein bißchen mehr Mühe geben, damit es noch schöner wird, so einfach sei das. Bald werden die Level auch international vorgestellt, dann begeben sich Menschen weltweit in von ihr entworfene Welten.

Su schickt ein schönes Mail, über die köstliche erste Schwarzteetasse nach der Krankheit. Und daß sie jetzt mit Mozart im Hintergrund arbeitet, prompt sei eine schwierige Stelle in ihrer Doktorarbeit einfach zu lösen gewesen.

Abends, nach den Osbournes, im BR: *Henker – der Tod hat ein Gesicht.*
Die beeindruckendste Interviewantwort die ich je gehört habe, entstammt diesem Dokumentarfilm.
Paul Sakowski, Häftling und unfreiwilliger Henker im KZ Sachsenhausen, der von den Sowjets zu lebenslang Sibirien verurteilt wurde, 1970 frei kam, nie mehr recht Fuß faßte im bürgerlichen Leben, anwortet im Altersheim auf die Frage:
«*Was würden Sie anders machen, wenn Sie Ihr Leben noch einmal leben könnten?*»
»*Nicht leben.*«

Leben ist Glückssache. Die Grausamkeit dieses Daseins und seine Schönheit, und wie beide einander bedingen. Wie man, ohne die Schönheit zu schmälern, die Grausamkeit lindern kann, darum muß sich das Werk jedes Menschen drehen, der seine Zeit nicht einfach absitzen will.

Ich wiederhole mich? Na und?

Der blödeste Vorwurf, den man einem Schriftsteller machen kann, ist der, zu behaupten, er sei saturiert und habe nichts mehr zu sagen. Das wäre ja das Ideal jedes Schriftstellers von Rang: Endlich saturiert sein und nichts mehr sagen zu müssen. Das Nirwana.
Dabei bin ich saturiert höchstens vom Standpunkt des zukunftlosen Penners, der ich einst gewesen bin. Inzwischen habe ich es immerhin zu einer flirrenden Vergangenheit gebracht, und zu sagen ist noch einiges,

weniger als früher, zugegeben, das Übriggebliebene aber fundierter, auf der Basis echter Erfahrungswerte, und ohne den poetösen Schnickschnack, mit dem man zu Beginn der Karriere die gefangenen Wörter verziert hat.

Hätte man heute nicht weniger zu sagen, hätte man vorher nur Unsinn verbreitet.

Ich kann mich gut erinnern an alles, was mir früher wichtig war, ohne daß es deswegen wichtiger wird. Wieviel Quatsch ich gemacht hab, der damals kein Quatsch war, der reproduziert aber zum Schleim gerinnen würde.

Neulich, in der Fußgängerzone, beim Fremden-Frauen-heimlich-in-die-Nasenlöcher-Schauen wurde mir bewußt, bald physisch als Altlast zu gelten, die sich erkaufen muß, was sie sich vorher, mit ein wenig mehr Mut, leicht hätte erobern können.

9. 3., Sonntag, Kastanienwegwerftag

Butzlaff, Wolfgang: Nachtkonzert. Ein deutscher Schelmenroman mit italienischem Intermezzo. Bonn, Nenzel (1995). 230 S. Brosch.

So heißt das nicht mehr lieferbare Buch eines pensionierten Oberstudienrates, wegen dem mein kommender Gedichtband angeblich nicht *Nachtkonzert* heißen darf. Der Kerl gibt trotz Schimpfen und Flehen den Titel nicht frei. Wie ich glaube, existiert kein Schutz für Titel, die nur aus einem Wort bestehen, und Marcel hätte weder schimpfen noch flehen müssen. Leider scheinen die Rowohlt-Anwälte wenig risikobereit, besonders wenn es um einen Lyrikband geht.

Morgens ging der Mannschaftskampf gegen Gauting verloren, kurz vor der Zeitnotphase sah ich meinen Vater, er zupfte mich plötzlich am Ärmel, war freundlich, sehr fleckig, sehr leise, was er sagte, war traurig nah an den letzten Floskeln vor der Demenz. Gäbe es den Willen, sich noch auszusprechen, es wäre gar nicht mehr möglich. Er trug Hemd, Pullover und Krawatte, die Kleidungsstücke waren sicher Jahrzehnte alt. Ich ging schweißgebadet ans Brett zurück, stand vor den Trümmern einer eben noch hervorragenden Stellung.

Beatrice und ich stellten ein gemeinsames Malentendu aus der Kinderzeit fest, als wir noch wenig Englisch konnten. Beide haben wir gedacht, daß Janis Joplin singt:
Lord, why dont you buy me a mercy dispense, eben nicht Mercedes-Benz, sondern mercy dispense, was wir uns mit einer Art *Sündenablaß* übersetzten. Der Nachfolgesatz, *my friends all drive porsches* war uns beiden rätselhaft erschienen, wir waren aber zu faul gewesen, deswegen Nachforschungen anzustellen.

Wir haben aus nostalgischer Lust das Geheimlevel *Wolfenstein* in *Doom 2* durchgespielt und endlich das Super-Geheim-Level entdeckt. Nach über sieben Jahren.

Die Kritiken zu *Lederfresse – Leatherface* in LA sind durchwachsen, manche mäkeln an den Schauspielern, manche an der Übersetzung, die ziemlich geschraubt klingen muß. Andere finden den Plot unglaubwürdig. Sehr lustiger Satz, den ich für einen Germanismus gehalten hätte: *Someone who considers leatherface as an icon of our time must have some screws loose.*
Selbstverständlich ist Leatherface eine Ikone unserer Zeit, genauso wie die Maske von Hannibal Lecter, das ist doch nicht zu bezweifeln. Ikone im wertneutralen Sinn, nicht als Heiligenbild. Aber *icon* ist doch noch wertneutraler als Ikone, oder nicht?
Insgesamt ziemlich barbarischer Eindruck. Was in den USA als ernsthafte Theaterrezension durchgeht, wäre hierzulande kaum in der yellow press zu lesen.

African Queen. Film, der scheußlich unter der Zeit gelitten hat, wirkt nur noch langsam und albern, schmonzettig, nicht charmant. Frage: Gibt es überhaupt Komödien aus den Fünfzigern und davor, die keinen Schimmel angesetzt haben? Ich kenne keine. Nichts ist weniger zeitlos als Humor für ein breiteres Publikum. Nur Chaplin hat Ausnahmen geschaffen, aber welcher seiner Filme ist schon eine reine Komödie?

Spät noch Gedichte ausgesucht für die Rowohlt-Werbebroschüre. Und am Cäsar herumverbessert.
Wascht euch mit Blut! ruft Cassius einmal. Meiner Meinung nach kann man das jambisch lesen, andere sehen das naturgemäß anders und lesen /vv/. Aber in diesem Fall kann man metrische Reinheit nur gestelzt erreichen, auf Kosten der Dichte. Dann lieber so.
Shakespeare war auch nicht pingelig.

Gestern legte ich, nach Jahren erstmals wieder, eine Platte auf. Der Vorgang kam mir so archaisch vor. Die Plattennadel auf die staubige Platte zu senken, auf daß es knackt und rauscht, das war, als würde mir jemand ein Messer gegeben haben, ich möge doch bitte eine Operation am offenen Herzen durchführen. Soviel taktile Verantwortung in einem technischen Prozeß zu besitzen – skandalös.

Die Reise des Grafen Orlok auf der Demeter vom schwarzen Meer nach Wismar, über Sizilien und Spanien, an der französischen Atlantikküste entlang nach Norden.
Erinnerungen des Grafen Nosferatu.
Beginnt mit: *Die Verträge sind unterschrieben.*
Während Jonathan Harker auf dem Festland Richtung Heimat reitet.
Das wäre ein schönes Projekt.

Es ist im Grunde wenig Arbeit, sich jedes Jahr eine neue Fremdsprache anzueignen, wenigstens in Grundzügen, und man würde als sehr gebildet gelten, nur weil man etwas täte, dem allein die Faulheit entgegensteht. Humphrey Bogart redet in *African Queen* ein paar Worte Kikuyu-Suaheli, die absolut keinen Sinn ergeben, ich erlernte diese einfache Sprache sechzehnjährig während eines Kenia-Urlaubs und weiß kaum mehr etwas, aber das wenige Verbliebene genügt, um Humphrey Bogart jener Faulheit zu überführen, derer ich mich zeihen müßte.

10. 3., Tag des ersten Schmetterlings

Das Gesumm einer Fliege am Fenster weckt mich um neun Uhr morgens.
16 Grad. Wir fahren in den Tierpark. Der beste Tag im Jahr für Tierpark. Auch die sonst scheueren Tiere genießen die Sonne. Wiesen voller Märzenbecher, Schneeglöckchen und blauen oder gelben Wildkrokussen. Die Pelikane müssen im Gatter bleiben, auf ihrem Teich liegt noch Eis, auf dem sie ausrutschen würden. Munin, der schöne Kolkrabe, der *Arschloch* sagen kann und Käse über alles liebt. In der Villa Dracula die Fledermäuse, die einen frei umflattern, und der anmutige Axolotl.
Äußerst entzückend: Zwei schlafende Eisbären nebeneinander, einer schläft mit dem Kopf zwischen den Hinterpfoten des anderen. Das neue Affenhaus ist hübsch geworden. Varis sind die hübschesten Halbaffen.
Aus einer Beschreibung: *Das hohe Schreien geht in ein Quorren über.* Quorren?
Die Eulentorten aus Küken und Mäusen gibt es nicht mehr, verlogen ist das, die Station zur Aufzucht der Futtermäuse vorm Publikum zu verstecken.
In einem Wäldchen warfen wir unsere Kastanien weg, die wir seit Herbstanfang bei uns trugen, die uns Glück bringen sollen. Hätten wir schon gestern tun sollen, gestern war Kastanienwegwerftag, aber das geht nie so genau.

Danach noch an den Fluß. Die Isar führt wenig Wasser, umso mehr Geflügel. Unter der herrlichen Tierparkbrücke aus rotem Holz. Bei den Parkplätzen wurde ein alter toter Baum gefällt. Die Wucht, mit der er auf dem Boden aufschlug.
Wieder zuhause, holte ich zum ersten Mal im Jahr das Rad aus der Garage und fuhr noch ein Stündchen durch den wunderschönen Tag.

⁂

Girgl verspricht, mich in vier Wochen seinen neuen Roman lesen zu lassen. Der bei Rowohlt erscheinen wird. Geil ist das.

Bei PLUS gibt es für 2222.- Euro ein recht preiswertes Hochzeitsarrangement. Dazu der Spruch: »Die Hochzeit soll schließlich der schönste Tag im Leben sein.«
   Bea: »So ein Quatsch. Die Tage danach sollen die schönsten sein.«

☙

In der Videothek gesehen und mitgenommen: *American Psycho II*. Man weiß, daß es zu 99,9% der allerletzte Trash sein wird, aber man muß da durch.
   War der allerletzte Trash.

☙

Urgroßmeister Ludek Pachman ist gestorben. 1959 war er unter den Top 20 der Weltrangliste und hatte einen ausgeglichenen Score gegen Bobby Fischer (+2 -2 =4).

☙

vorsicht vor russischen pornos! die darsteller trinken sich anscheinend mit wodka mut an und kriegen dann keinen mehr hoch. ich habe selten frauen so hart arbeiten sehen wie in diesem neuen streifen, der mich 29 euro gekostet hat, nur um zuschauen zu dürfen, wie tapfer erregt spielende darstellerinnen sich stundenlang um einen halbschlaffen schwanz bemühen. und als der endlich abspritzt, übrigens immer noch halbschlaff, ist das video auch schon zu ende.
   wahrscheinlich soll das kunst sein und extrem sozialkritisch, soll mich wohl daran hindern, weitere russenpornos zu kaufen. regt es nicht eher dazu an, in einen russischen puff zu fahren?

11. 3.

Die große Mehrheit der Deutschen ist gegen den Irak-Krieg.
Plädiert für den Machterhalt Saddams und dämonisiert den (wenn auch dümmlichen) Präsidenten einer demokratischen (wenn auch zurückgebliebenen) Nation als Kriegstreiber, feiert Happenings politischer Naivität, während sich die Bündnislage in der Welt beunruhigend verändert. Beängstigend. Ist diesen Demonstranten bewußt, Lakaien faschistischen Terrors zu sein? Glauben die ernsthaft, daß an ihren dreimal in Unschuld gewaschenen Händen kein Blut kleben wird, nur weil sie Feuerzeuge hochhalten und Klampfenlieder singen? Soll ich mich deswegen für einen Krieg stark machen? Nur der Gegenstimme wegen? Wozu? Ich muß nur meiner Chronistenpflicht gehorchen, diskutiert wird genug. Mich fragt ja auch keiner. Ich bin allerdings froh darum. Wenn der Krieg, wie ich glaube, kurz, erfolgreich und opferarm werden wird, werden alle ihn im Nachhinein begrüßen, wie es bei Afghanistan der Fall war. Zur Marginalisierung Saddams müßte zumindest die Drohkulisse aufrecht erhalten werden. Saddam muß weg. Wenn sich die freie Welt wenigstens darauf einigen könnte. Es darf nicht sein, daß dieser Verbrecher davonkommt. Oder? Ganz sicher bin ich nicht. Wieviele Jahre hat Saddam noch zu leben? Wieviele wird er bis dahin umbringen? Und machen seine Söhne danach nicht einfach so weiter? Oder würde der Irak ohne Saddam zum islamistischen Staat werden und noch viel gefährlicher? Ich glaube das nicht, aber wie dessen sicher sein? Leben ist mit Risiken behaftet. Konstantin W. behauptet, im Irak wünsche sich kein Mensch, befreit zu werden. Ich glaube, für sowas wie ihn müßte man den Begriff Friedensverbrecher erfinden.
Bücher gehen zur Zeit nicht, nur Scholl-Latour wird gekauft wie verrückt, egal, welchen Nonsens er verzapft. Und der Gesinnungsterror der Radikalpazifisten wird ständig drückender.

nicht der stärkste wind schüttelt schlafende spatzen vom ast.
das stimmt. manchmal allerdings bricht der ganze ast ab.

aus einem film (*spiel der götter*): *wenn ein problem gelöst werden kann, warum unglücklich sein? und wenn es nicht gelöst werden kann, was hat es für einen sinn, unglücklich zu sein?*
so spricht der tibetische weise. man kann nicht die ganze erde mit leder auskleiden, damit wir weicher gehen. wir können aber schuhe anziehen. wir können nicht alle feinde besiegen, aber wir können in uns den haß besiegen, das ist genauso, als wären alle feinde besiegt.
geschwafel, das probleme durch illusionen beseitigen will. aber vielleicht können individuell nur illusionen siegreich sein. alles andere bedingt einen ewigen kampf, der nie zur ruhe kommen wird.

Immer weniger Schlaf, wenn es fünfeinhalb Stunden sind, bin ich schon froh.
Der neue Moers-Roman in der Post. Voluminös, als gebundenes Manuskript. Wird als Buch erst Mitte April vorliegen.
Die Oberstufentheatergruppe des Gymnasiums Dingolfing spielt *Haltestelle.Geister.* und lädt mich dazu ein. Was an Schulen aufgeführt werden darf – erstaunlich.

In der Stadt ein wenig durch die Antiquitätenläden im Uni-Viertel flaniert. Tolles Sofa, toller Sessel – beide unbezahlbar. Stattdessen ein paar im Preis stark verfallene DVDs erstanden.
Eine Ligeti-CD. Und neue Sirupsorten von Monin, die kulinarische Signifikanz dieser Saison.

Heute ist mal wieder die älteste Frau der Welt gestorben. In Brasilien. Ich meine, es stirbt sehr oft die älteste Frau der Welt, aber heute war sie 124 Jahre alt. Geboren 1878.
Sie hätte noch bei Richard Wagner Klavierunterricht nehmen können.

Oder sie hätte – aber sehr theoretisch – als Säugling von Adolph Anderssen oder Honoré Daumier mißbraucht werden können.

«Bush ist so sauer auf die Franzosen, daß er sich bei Deutschland für die Landung in der Normandie entschuldigen will.« Haralds Anfangsgag. Danach erklärt er, wie die Welt funktioniert.

༄

    der graben ist so tief.
    vor ein paar wochen noch
    als ich hinüberrief
    kam leise aber doch
    von drüben eine antwort.

    nun ist das drüben fort.
    über mir gewitterfront
    und unter mir ein loch
    in dem ich schlafen will.

    gebell. der horizont
    glänzt schwarz und still

12. 3.

Düsterer Tag. Albert schickt ein neues Stück. Antikenkomödie, prima vista.

Er wohnt April bis Juli in der Wohnung von Elisabeth in Wien, am Stephansplatz, ob wir ihn nicht besuchen wollen. Ja, vielleicht machen wir das.

Wieder viel zu wenig geschlafen. Beatrice gehts genauso. Im Internet freuen sich die ersten Leser über das Buch. Meine Autorenexemplare lassen auf sich warten.

Mit Bea ein Spiel – deutsche Städtenamen, die ein Tier enthalten (Gattungsname). Sau und Eber, also Passau und Pinneberg z.B. zählen nicht. Und jedes Tier darf nur einmal genannt werden. Fanden viel weniger, als wir gedacht hatten.

Aschaffenburg – Affe *und* Schaf, Biberach, Dingolfing, Kassel, Schwandorf, Saarbrücken (der Aar ist nicht nur ein poetisch-obsoleter Name für Adler, nein, es gibt einen Gleit-Aar, der mit dem Adler nur nahe verwandt ist), Saalfeld, Schweinfurt, Wolfsburg, Wesel, Finsterwalde...

Der Reichtum eines Teils des Personals in *UC* enthält sicher eine Persiflage auf die Jet-Set-Romane der Sechziger und Siebziger Jahre, à la Harold Robbins, auf dessen Sexszenen man als Zwölfjähriger gerne onaniert hat. Persiflage ist vielleicht zuviel. Eine Überzeichnung. Ein Augenzwinkern, das über allen Szenen hängt, ein grundironischer Ton. Ich würde gerne mal lesen, daß ich ein sehr ironiefähiger Autor bin. Ich glaube, die Rezeption meiner Bücher birgt so oft Mißverständnisse, weil anscheinend kaum wer kapiert, wann etwas ironisch ist, wann nicht. *Thanatos* zum Beispiel ist ein durch und durch ironisches Buch, so etwa wie Kafkas *Prozeß*.

Apropos *Prozeß*. Darüber neulich Debatte mit Su. Sie meinte, der erste Satz vom *Prozeß* sei schon sehr genial.

Jemand mußte Josef K. verleumdet haben, denn ohne daß er etwas Böses getan hätte, wurde er eines Morgens verhaftet.

Man mag es mir boshaft auslegen, bitte sehr. Das ist nicht schlecht, aber genial?

Jemand – muß es eine Person in corpore gewesen sein? Reichten nicht Atmosphären, Zeitumstände, ideologische Verdachtsmomente, sogar simple Verwechslungen hin?

denn ohne daß er etwas Böses getan hätte, wurde er eines Morgens verhaftet.

Das würde man heute nicht mehr so schreiben. Damit ist alles Folgende bereits als tragisch gestempelt, eingleisig, genaugenommen kann man sich den Rest auch sparen. Man würde sich heute zugunsten der erzählerischen Komplexität Optionen offen halten.

denn ohne daß er bewußt etwas Böses getan hätte. Zum Beispiel. Eine Figur, die nie etwas Böses getan hat, wäre auch zu eindimensional. Jeder tut Böses, wenigstens im Kleinen. Soll doch ein Roman draus werden, kein Märchen.

auch: *eines Morgens* ist nicht so toll, ist auch unwichtig, zu ungefähr, plastischer wäre: *vom Frühstückstisch weg,* sozusagen eine Umschreibung des heiteren Himmels, in den der Hammer einschlägt.

Hm. *Vom Frühstückstisch weg* ist wohl zu flapsig.

Egal, jedenfalls, die Legende vom ersten Satz, der sitzen muß, ist Quatsch. Wenn danach nichts kommt, nützt kein noch so schöner erster Satz etwas. Und wenn ein Text etwas taugt, verzeiht man auch einem mäßigen Erstsatz.

Josef K. glaubte an eine Verleumdung, denn ohne bewußt Böses getan zu haben, wurde er an seiner Haustür verhaftet.

In meinen Ohren klingt das besser. Aber es ist, zugegeben nur in meinen Ohren besser, nicht in allen. Der Charakter und die Weltanschauung des Autors spiegelt sich in der Grammatik wider. Josef ist in Kafkas Fassung so passiv wie ein Lamm.

Es geht nicht darum, den heiligen Franz zu verbessern.

Aber mal grundsätzlich: wenn heutzutage nicht besser geschrieben werden könnte als zu Kafkas Zeiten, hätte kein Fortschritt stattgefunden. Unsereins stehen so viel mehr Techniken zur Verfügung. Bleibt noch die Frage der Geschmäcker und Temperaturen. Einige Autoren würden nach 'Verleumdung' einen Punkt machen und auf das 'denn' verzichten. Das hätte etwas mehr Drive, wiese aber eher in Richtung Kriminalroman. Genug, jetzt Chianti.

∽

Die ersten 50 Seiten von *Schiffbruch mit Tiger* von Yann Martell gelesen. Geschwätzig, aber nicht unangenehm.

Attentat auf Zoran Djindjic, den serbischen Ministerpräsidenten. Eine der wenigen Lichtgestalten des Balkans, auf der Straße erschossen.

∽

Abends DVD: *Donnie Brasco*. Großer, tragischer, kaum gealterter Film über das Kleinbürgerliche der niederen Mafiastrukturen, ohne falsche Dramatik, Opulenz und Pathos. Al Pacino in einer seiner besten Darstellungen, der letzten überzeugenden vor der Hybris. Wie er sich da noch mal zurückgenommen hat, unglaublich. *Donnie Brasco* leuchtet, wo *Good Fellas* gilbt.

Schlimm sind oft Filme, die vom Hauptdarsteller produziert wurden, in denen er ohne jedes Regulativ Personenkult um sich betreibt, bis es peinlich wird. Samuel Jackson in *The 51st State* zum Beispiel. Schauspieler sind zu 95% ein furchtbares Völkchen, dumm, eitel, verletzlich, wichtigtuend – und diese Gegenwart, in der selbst mittelmäßige Schauspieler von den Massen wie Marienerscheinungen verehrt werden, ist noch furchtbarer. Wenn ich Regisseur wäre, würde ich meine Schauspieler wie Dreck behandeln, wie niederste Erfüllungsgehilfen, die sich meinen Respekt erst erarbeiten müßten. Ich glaube, das war das Erfolgsrezept Faßbinders. Als antiker Diktator aufzutreten in einer hyperdemokratischen Ära. Wohlgemerkt, Erfolgsrezept für seinen eigenen Mythos, nebenbei auch für einen Haufen maßlos überschätzter Werke. Gute Faßbinder-Filme kann man an fünf Fingern abzählen. Nicht, daß das wenig ist, fünf Finger muß man erstmal voll bekommen. Und selbst dort, wo am Ende kein sehr großes Werk verbleibt, ist man um ein wenig personale Aura schon froh.

Meine Auglider kriechen über die Augäpfel wie verwundete alte Pteranodone auf geborstenem Teer. Ihre Flughäute schaben über den brennendheißen Boden und

13. 3.

Endlich, die Bücher sind da. Also auspacken, signieren, eintüten, beschriften, zur Post bringen – was dabei an Zeit draufgeht! Sonne kommt raus.
Ich schlage vor, nach Memmingen zu fahren, da waren wir noch nie.
»Was ist denn in Memmingen?«
»Memmingen.« Als ich es sage, weiß ich bereits selbst, daß das nicht genügt.

Mit der Normalpost trifft Heiners Buch ein. Macht mich sehr wehmütig. Er ist noch kein Jahr tot, aber schon so weit weg. Das Buch heißt »Frl.Ursula« – weil Heiners Wunschtitel »Damen und Herren« nicht mehr frei gewesen ist. Noch ein guter Autor, der jetzt bei Rowohlt ist, sogar die toten stoßen zu uns.

Heiner empfahl ich Johanniskraut gegen seine Depressionen. Er nahm eine Tablette und sagte, sie habe ihm nichts gebracht. Er müsse das, antwortete ich, über Wochen nehmen, bis es wirkt. Aber ihm widerstrebte grundsätzlich, etwas einzunehmen, von dem man nicht sofort spürbar satt oder besoffen wird. Dann hat er sich die Harley gekauft. Viel teurer als Johanniskraut. Und er hat einen tollen Roman geschrieben. Das auch.
Hätte er noch die Mail gelesen, die ich zum Zeitpunkt seines Todes an ihn geschrieben habe, mir wäre es leichter ums Herz. Nicht, daß es ihm soviel bedeutet hätte, aber ein wenig doch.
Und ich sage ja auch: *Mir* wäre es leichter ums Herz. Denn meine Mail kam einfach zu spät. Der Tod ist nur ein Problem für diejenigen, die man zurückläßt.

Heiners Unfall hat sich übrigens anders zugetragen, als ichs im letzten Tagebuch geschrieben habe, damals wußte ichs nicht besser.
Er kam von der Spur ab, als er am Tank seines Motorrads rumfum-

melte, stieß mit einem Golf Cabrio zusammen, rammte sich das eigene Lenkrad in den Bauch, verblutete. Nix mit Lastwagen. Und seine Eltern, die kurz nach ihm das Olchinger Bierzelt verlassen hatten, standen im Stau, den Heiners Unfall verursacht hat, sahen in der Ferne den Rettungshubschrauber kommen, landen und davonfliegen, dachten sich nichts Böses dabei.

Auf seinem Begräbnis sah ich einen Kranz mit dem Schleifentext: *Von Mori-Mori für den tollsten Hecht von Pasing.*

Telefonat mit Marcel. Tatsächlich kann man auch Titel schützen, die aus einem Wort bestehen, aber nur, wenn sie spezifischer sind als z.B. »Melodien«, also etwa »Schmerznovelle«.

»Nachtkonzert« ist ein Grenzfall, aber es gibt im Band ein Gedicht dieses Titels und – was auch wichtig ist – ein Scheißbuch eines Scheißautors bei einem Scheißverlag würde bei einer Verwechslung mit meinem Gedichtband viel eher von mir profitieren als umgekehrt.

Trotzdem soll ich über eine Alternative nachdenken.

Im Kino: Das Musical *Chicago*. Film, gegen den sich wenig einwenden läßt. Perfekt choreographiert, geschnitten, gespielt. Dennoch geht er mich nicht viel an, einmal sehen genügt. Von nullmal sehen stürbe man auch nicht. Wahrscheinlich wird er bei den Oscars absahnen, mit gewissem Recht. Ehrliche Arbeit in Genregrenzen.

Man könnte so argumentieren: der Krieg kommt in jedem Fall, also warum den Schaden durch Illoyalität noch vergrößern? Nein? Lieber ein Zeichen setzen? Was denn für eins?

Das Absurde an der Situation ist ja, daß eine langfristige Entmachtung der USA wie kaum sonst etwas in meinem Sinne liegt. Aber vorher kann sie noch notwendige Drecksarbeit erledigen und sich in ihrer Rolle als selbsternannter Weltpolizist sinnvoll aufarbeiten.

Wirkliche Veränderungen in Richtung sozialer Gerechtigkeit wird es global nur als generöse Geste von oben geben, höchstens in Bananenrepubliken durch Gewalt von unten, selbst dann nicht dauerhaft. Das Kapital ist viel zu mächtig, das Proletariat im Zweifelsfall zu korrupt, das Bürgertum zu sicherheitsbedürftig.

Andererseits muß man dem Kapital durchaus Interesse daran unterstellen, irgendwann auch in Eritrea Einkaufszentren zu eröffnen. Überspitzt gesagt. Wer Geld hat, will immer noch mehr, kann sich jedoch so etwas wie Moral leisten. Moral ist ein Luxusgut. Die Konzerne sind keine Aliens mit Ameisenstaatsstruktur, ihre Chefetagen bestehen aus Individuen, die nicht unbedingt altimperialistischen Klischees entsprechen müssen. Hinzu kommt die technische Entwicklung. Die ganze Welt wird zum Supermarkt werden. Warum denn auch nicht, wenn Energie praktisch umsonst zu haben sein wird? Wenn alte Ressourcen auszubeuten überhaupt keinen Sinn mehr ergibt.

Die Läden werden ab Juni Samstags bis 20 Uhr geöffnet sein. Arbeitslose bekommen Arbeitslosengeld und Beratung künftig nur noch, wenn sie auf dem Arbeitsamt nüchtern antreten, d.h. mit einem Promillespiegel von unter 0,5.

14. 3.

Tag beginnt mit einem langen Mail von Tom aus NY und dankbaren Stimmen zu UC von da und dort. Tom wird Ende des Monats in München seinen Kurzfilm mischen, wir haben uns seit genau einem Jahr nicht mehr gesehen. Was er schreibt, gehört nicht hierher, nur eine sehr interessante Stelle : »*...das eigene Unglücklichsein und wie völlig unverhältnismäßig wichtig man es nimmt.*« Alarmglocken bimmeln.

Es ist kalt. Jedenfalls werden 3°C. wieder als kalt empfunden.

Kurzer Flirt in der U-Bahn, eine Frau wechselte einige Blicke mit mir, nicht eindeutig genug, wir verließen den Zug, unsre Wege trennten sich an der Rolltreppe, sie sah sich noch einmal um, ich grinste sie an, sie grinste zurück, da hob mich die Rolltreppe aus ihrem Blickfeld.

Flanierte über die Münchner Freiheit zum Oskar v. Miller-Gymnasium, sah ganz zufällig auf ein Straßenschild. Siegfriedstraße. Sieh an. Vielleicht kommt daher das (erfundene) Siegfried-Gymnasium in *UC*. Was das Unterbewußtsein alles speichert.

Vor fast dreißig Jahren ging ich hier zwei Jahre zur Schule, es ist eine prächtige alte Schule mit traurigem Hof, kleiner und wölbungsreicher als in meiner Erinnerung. Ich habe diesen Räumlichkeiten nichts zu verdanken, nein, aber sentimental machen sie mich doch, sehr sogar. In der Lehrerliste ist nur noch Frau Denks zu finden, die mich als ganz junge Referendarin unterrichtet hat. Ein Gesicht zum Namen fiel mir nicht mehr ein.

Hilde in der Autorenbuchhandlung guten Tag gesagt. Danach Albert getroffen im Stadtcafé. Sehr herzliche Begegnung. Erzählt u.a. von der Schönheit der Villa Aurora in Kalifornien, und daß er mit Mehmet Scholl essen war, der ein höflicher und intelligenter Mensch sei. Darüberhinaus kolportiert er tollen Klatsch, und ich beiß mir in die Finger, weil ich den nicht aufschreiben darf. Er wird nächste Woche nach Las

Palmas fahren, eine Woche Urlaub machen, allein, und *UC* dort lesen, an einem der Schauplätze.

Schönes Mail von Su, es geht ihr nicht viel besser, sie nimmt Antibiotika gegen die geschwollenen Lymphknoten, zeigt aber Tapferkeit und gewinnt ihren Humor zurück.

➳

Schröder. Schrecklich. Schröder. Einfach schrecklich. Unglaublich schrecklich. Und Müntefering. Schrecklich. Clement. Schrecklich. Eichel. Und die anderen Pappnasen, die Schröder der Schreckliche neben sich duldet. Und Schröders des Schrecklichen Doris. Gnade.

Wie dieses Land nach Luft ringt. Die Steuerreform müßte sofort kommen, neue Schulden her, Steuern runter, gebt den Leuten Geld, laßt sie wieder konsumieren.

➳

Blättern in einem Gedichtband. Mit der Angst, vormals Verehrtes könne eingebüßt haben. Hat es aber nicht.

Heutzutage benutzen einige Idioten die denunziant gemeinte Feststellung, dieser und jener schreibe, als halte er Charles Bukowski immer noch für einen großen Lyriker, um sich im Unterschied zu diesem und jenem als Träger höherer Weihen darzustellen. Ich halte Bukowski, übrigens neben Rilke, Jandl, Morgenstern, Gernhardt und Brecht, für einen der kunstvollsten, zärtlichsten, ausdrucksstärksten Lyriker des 20.Jahrhunderts, der neben unzähligen großartigen Gedichten auch einen der allerbesten Romane überhaupt, *Ham on Rye*, geschrieben hat.

Disqualifiziert mich das im Urteil eines Idioten? Vermutlich – und warum sollte mich das stören? In der Lyrik gibt es noch etliche Schlachten zu schlagen. Sehen wir mal Deutschland an:

Reichlich überschätzt: *(Hier hundert berühmte Namen einsetzen.)* Unerträglich: *(Der Rest.)*

Lyrik kommt nicht an beim Publikum, weil sie zu 98% so schlecht ist, also ist alles völlig in Ordnung und die Diagnose erschreckend simpel bzw. einfach erschreckend.

Dagegen gar nicht so mies: (Und ich genieße die schwellenden Adern im eh schon zornroten Hals einiger Leser) Eugen Roth.

Eugen Roth war kein schlechter Dichter, iwo. Er war ein ordentlicher Populärdichter. Er hatte seine Klientel, für die er schrieb, deren Bedürfnisse er perfekt erfüllte. Seine Gedichte erheben sich meist – nicht immer – so grade eben über den Kitsch, sind handwerklich ganz gut gemacht, aber eben Erfüllungsgehilfen ihrer Zeit und weit entfernt von jeder Epochemacherei. Ein mir ungern bekannter Mensch, dessen Name unterschlagen sei, schimpft bei jeder Gelegenheit voller Abscheu auf Eugen Roth – als ob es da Schlachten zu schlagen gäbe von Wert. Was soll das?

Niveau und Qualität sind Begriffe, die miteinander nichts zu tun haben. Man kann auf niedrigem Niveau Dinge von hoher Qualität erzeugen. So wie es sicher auch bessere und schlechtere Regenbogenblätter gibt oder Dorftanzkapellen. Wenn jemand behauptet, die Musik von ABBA z.B. sei schlechte Musik, erregt er mein Mitleid, denn er kann unmöglich sehr viel von Musik verstehen. Alleine das Arrangement von *Chiquitita* muß man sich mal objektiv ansehen, welche Fülle an Ideen, welch komplexe Struktur. Wohlgemerkt, es gibt »Kunst«, die ihre Klientel erreicht und Kasse macht und trotzdem von jeder Seite betrachtet grottenschlecht bleibt. Kritik an solcher Nicht-Kunst ist letztlich immer Kritik am Publikum, das Produkt selbst verdient keine Kritik. Aber solange sich jemand künstlerisch auf ein gewisses Niveau beschränkt und die Erfordernisse dieser Meßlatte erfüllt, ohne vorzugaukeln, mehr zu sein, ist daran nichts verurteilenswert. Eugen Roth hat vielen Menschen etwas gegeben, und nichts Gemeingefährliches oder Widerwärtiges, warum sollte man das denen wieder abnehmen wollen?

Zur Zeit gibt es etliche Talente, die ihre Gedichte mit krassen Zeilenbrüchen, gesuchten Reimen, prätentiösen Neologismen, sinnlosen sprachlichen Devianzen beladen und entstellen, dazu überstülpen sie gern eine hübsche Idee mit einem hermetischen Kondom, aus Angst vor Verständlichkeit, die sie dummen Rezensenten zuvorkommend als Symptom der Trivialität mißinterpretieren. Denen möchte man zurufen: Kein Schwein interessiert sich für sowas, beziehungsweise: Nur Schweine interessieren sich für sowas. Habt den Mut, für Menschen zu schreiben!

Die Angst vor der Verständlichkeit ist oft genug verständlich. Zu häufig würde man zu erkennen geben, daß sich da sehr wenig Substanz formal aufgebretzelt hat. Nuttig ist das. Popeln im Arsch der Sprache. Sätze aufs Skelett abnagen, Knochen falsch zusammenleimen, kein Fleisch darauf, nur Scheiße, hingehn dann, sich schamlos brüsten mit dem Voodookram – eklig.

୨୧

Sagen, wie es ist.
Wenn, was da steht, stimmt,
ergibt sich das Nächste von selbst.

୨୧

dreizehn weiße schafe und ein schwarzes.
august. olivenbäume vor urbino.
wir aßen brot und mozzarella, tranken
wasser, tränkten auch das land, mit uns,
summten leise monteverdis schönstes
madrigal, und hügelabwärts grasten
dreizehn weiße schafe und ein schwarzes.

୨୧

Dreizehn weiße Schafe dulden ein schwarzes, so funktioniert auch die menschliche Gesellschaft und ihre Geschichte, im Schlafanzug des Aberglaubens.

In einem Moment wurde mir alles klar. Klarer, als ein Moment dazu genügt. Also halbklar.

Vom Tanzpunkt der Ekstase aus jedoch: Präzise.

15. 3.

Walter bedankt sich für *UC*, sehr nett: »Elvira hat es mir gleich entrissen. Jetzt geht das wieder los: 'Warum kannst du nicht so schreiben?'«

Babelfish-Übersetzung bei google: *Al Bowlly war wahrscheinlich vom 20. Jahrhundert der erste Knallstern.*
(Al Bowlly was probably the 20th centurys first popstar.)
Das hat mir für den ganzen Tag gute Laune gemacht.

Mail von Su:
Hallo Du
Lust zu plaudern und keiner da, also ein Mail für Dich. Der gestrige Abend und die Nacht waren so zerquält (stell Dir vor: Hals-, Kopf-, Zahn- und Ohrenschmerzen zugleich), daß ich heut morgen wieder zum Arzt gedackelt bin. Heute war der Chef der Praxis da, ein attraktiver, respekteinflößender Herr Dr. Dr. guckte sich meinen buckligen Hals an und sagte: O ja, das ist erheblich. Und dann: Tut es weh? Ich: Ja, sehr. Er: Seien Sie froh, daß es wehtut. Die gefährlichen Sachen tun nämlich nicht weh. Und dann sagte er in seiner coolen Art das gleiche wie mein Vater gestern: die beiden Möglichkeiten, entzündliche Erkrankung oder eine des blutbildenden Systems, aber er fügte noch was an, was mein Alter nicht gesagt hatte: Leukämie. Letzteres täte aber eben nicht weh. Und eine so heftige Entzündung würde nur langsam auf Antibiotika reagieren. Und ich solle noch abwarten.

Ich verließ die Praxis mit dem Gefühl, noch einmal davongekommen zu sein. Die Bergmannstraße war überfüllt von jungen, gutaussehenden, sonnenbebrillten Paaren, die in der Sonne Kaffee tranken und Zeitung lasen. Ich wandelte da durch wie von einem andern Stern. Ging in die Markthalle und dachte, genau kann mans ja nicht wissen, ich will mal vorsichtshalber das Leben noch ein bißchen genießen. Setzte mich dort in den spanischen Stand zu zwei älteren Schnapsis von der eher kultivierten Sorte. Da fühlte ich mich wohler als bei den stylish people mit den modischen Brillen draußen. Trank spanischen Kaffee. Das war schön. Das schmeckt so gut, dachte ich, und dann fiel mir ein, daß es mein erster Kaffee seit über zwei Wochen war. Ich seh bei meinen eigenen Leiden nicht mehr durch und vergeß im Übermut... Saß wie im Schaufenster, die Leute gingen vorbei und sagten, wie sonst immer ich, das sieht aber schön aus hier. Ich begriff, daß die Mischung aus blasser junger Frau und stoppelbärtigen Alten ein pittoreskes Bild abgibt und sozusagen zur Ausstattung gehört. Irgendein Exemplar beider Typen findet sich immer um den Stand zu bevölkern. Auf dem Marheineketrödel blieb ich vor zwei Sachen stehen: alte Terroristenfahndungsplakate und ein 1000 Teile Puzzle vom Petersdom. Immer hab ich Lust, mal so ein Puzzle zu machen. Ich glaube, wenn ich irgendwann dafür Zeit und Muße habe, werde ich ein glücklicher Mensch sein. So viel Sonne draußen. Nur der schwarze Dealer, der immer hinter meinem Haus auf der Bank sitzt und mit dem ich in Blickkontakt trete, sobald ich den Kopf von der Tastatur hebe, trägt noch eine Mütze. Und ich will die Mittagsstunden nutzen, weil es mir abends immer zu schlecht geht, um irgendwas zu machen. Ich kann auch nicht mehr essen, weil das Kauen zu weh tut. Aber ich wollte sowieso ein bißchen abnehmen :-)

Bernhard hat heute Geburtstag. Hab nur durch Zufall dran gedacht. SMS geschickt.

In der Post die Anthologie mit meinem Text zu *Oliver Twist*. Ging darum, zu schreiben, welches Buch einen im Leben am meisten beeinflußt hat. Gab einige von ähnlichem Verdienst, ich nahm das erste aus der Chronologie. Da mir heute kaum was einfällt, hier der Text, drittverwertet:

Oliver Twist. Woran ich mich erinnere: Der eitle, gewalttätige Büttel und dessen grausam karikierte Dummheit.

Die ausgezehrten Leiber der Bettler, die in verfallenen alten Häusern vor sich hin vegetieren.

Bei schummrigem Licht die Leiche einer verhungerten jungen Frau, die man mit einem Stück Brot vielleicht noch hätte retten können. Ihr wahnsinniggewordener Mann. Oder war es ihre Mutter? Egal. Im Armenhaus, die fiesen, geldgierigen alten Schachteln, die nicht davor zurückschrecken, einer Toten das Letzte buchstäblich vom Hals zu rauben, was ihr geblieben ist, ein Medaillon mit dem Bild ihres Liebsten. Die Kette der tausend unbarmherzigen Ungerechtigkeiten, die einen gutmütigen, engelsgleich unschuldigen Waisenknaben namens Oliver schließlich in die Hände von Dieben und Mördern führen, in finstere Spelunken und zugige Schlupfwinkel, darüber immer der Schatten des Galgens.

Die sadistische Konsequenz, mit der ein grausamer Gott Olivers Bahn in die Aussichtslosigkeit lenkt – und hinter dem sichtbaren Bösen, als wäre es damit nicht genug, lauert noch etwas anderes, noch viel Böseres, dessen Beweggründe wir für lange Zeit nicht kennen, das indes alles unternimmt, um Oliver für immer kaltzustellen.

Ich erinnere mich an Oliver, der sich auflehnt, flieht, auf den Landstraßen vagabundiert. Oliver als Lehrling des Sargschreiners. Olivers kurze Karriere als Leichenbegleiter. Intrigen, die gegen ihn geschmiedet werden. Verleumdungen. Gewalt. Überall Gewalt und Boshaftigkeit, niederste Instinkte, ein Pandämonium an Niedertracht und Gemeinheit in einer Welt aus Eis, Gier und Blut. Oliver, der Einbrecher wider Willen, durch einen Schuß beinahe tödlich verletzt. Und ich erinnere mich an die atemberaubende Treibjagd auf Bill Sikes – und ein wenig erinnere ich mich an Sikes' Geliebte, die unergründliche Nancy, die für Oliver ihr Leben opfert, sich von Bill aber nicht lösen kann.

Wenn ich heute drüber nachdenke, ist das die sehr moderne, knappe, fast erklärungslose Schilderung einer sexuellen Obsession – erotisch und brutal – ohne allerdings ein einziges derbes Wort zu gebrauchen – ein bitter notwendiges Kunststück der prüden viktorianischen Ära.

Ich erinnere mich an die facettenreiche Schilderung der kleinen Ganoven, des seltsamen, vom Autor fast respektvoll referierten Ehrenkodex' der Diebe, deren Charaktere durchaus nicht alle gleichermaßen verwerflich gezeichnet sind. Dickens hatte sichtlich Freude daran, diese Unterwelt präzise zu beschreiben, ohne Klischees und Talmi.

Und dann – das letzte Drittel des Romans – eine geradezu paradiesisch liebevolle Gegenwelt, eine Erlösungsgeschichte an der Grenze zum Vollkitsch. Aber auch das hat mich als achtjähriges Kind bewegt, erschüttert, zu Tränen getrieben. Hat mich viele Jahre an die günstige Wendung, die finale Rettung, das große Happy End im Leben glauben lassen. Na gut, warum nicht? (Hat geholfen.)

Und da ist ja noch die gespenstische, luftabklemmende Szene, in der Fagin, der alte Bandenchef in der Nacht vor seiner Hinrichtung in der Zelle sitzt und wirres Zeug stammelt. Der Autor enthält sich scheinbar jeder Haltung, gönnt sich weder ein Wort des Triumphes, noch des Mitleids. Und gerade dadurch gewinnt die Szene eine Todesintensität, die bei aller Antipathie zum Verbrecher doch den Wert jedes Lebens aufzeigt bzw. was es bedeutet, ein fremdes Leben, selbst mit Zustimmung des Gesetzes, zu beenden.

Je länger ich mich in diesen Roman zurückversetze, desto klarer wird mir, daß er mich mehr als jedes andere Buch beeinflußt, ethische und ästhetische Schienen in mir verlegt hat. Wir werden, was wir lesen. Danke, Charles Dickens.

Braun- und Gelbfilter vor der Nacht. Staubig alles. Keine Ideen. Gedanken voller Gewalt in einem Haushalt von Albernheit und Güte. Pervers. Kaufe per Internet Konzertkarten für Montag. Hindemith und Bruckner. Ich möchte Geld genug haben, um ungestört ein paar Jahre komponieren zu können. Weitergelesen im Martell. Immer geschwätziger, langsam unangenehm. *Disputation* von Heine, böse. *Bei den Wassern Babels* – die ersten sechs Strophen des zweiten Teils vom *Jehuda ben Halevy* – hat das je ein Komponist vertont?

Den Rest des sehr langen Gedichts kann man unterschlagen – und etwas Vollendetes ist geboren:

Bei den Wassern Babels saßen
Wir und weinten, unsre Harfen
Lehnten an den Trauerweiden –
Kennst du noch das alte Lied?

Kennst du noch die alte Weise,
Die im Anfang so elegisch
greint und sumset, wie ein Kessel,
Welcher auf dem Herde kocht?

Lange schon, jahrtausendlange
Kochts in mir. Ein dunkles Wehe!
und die Zeit leckt meine Wunde,
wie der Hund die Schwären Hiobs.

Dank dir, Hund, für deinen Speichel –
Doch das kann nur kühlend lindern –
Heilen kann mich nur der Tod,
Aber, ach, ich bin unsterblich!

Jahre kommen und vergehen –
In dem Webstuhl läuft geschäftig
Schnurrend hin und her die Spule –
Was er webt, das weiß kein Weber.

Jahre kommen und vergehen,
Menschentränen träufeln, rinnen
Auf die Erde, und die Erde
saugt sie ein mit stiller Gier.

༄

Wenn ich im Oktober auf Kreta die Stadt Chania besuchen und mich frühmorgens auf die Bank setzen werde, von der im Preludio zu *UC* die Rede ist, deren Photo seit Jahren an meiner Wand hängt, wenn ich den längsten Umweg dorthin entdeckt haben werde, dann, dann ist der Roman komplett, dem Leben einverleibt. Ich werde auftauchen aus dem Nichts und noch Jahrhunderte dort sitzen.

UC ist ein achtdimensionierter Raum, mit mehreren zusammengesperrten Handlungsvarianten, die sich langsam vermischen. Mehrere auktoriale Erzähler, aber auf abgestuft hierarchischen Meta-Ebenen. Unklar, welches Glied der Befehlskette sozusagen die Wahrheit vertritt. Und eine Wahrheit wäre zu wenig für die Logik dieses Textes.

Zum Schluß werden sogar die Akteure gegeneinander ausgetauscht, denn sie sind als Schatten des jeweiligen Kontrahenten angelegt.

Ausgehend von diversen Knotenpunkten haben sich mehrere Realitäten entwickelt – je nachdem z.B. ob Arndt Ala einen Abschiedsbrief geschrieben hat oder umgekehrt.

Sibylle hält sich für eine Verbrecherin. Tatsächlich hat sie die Tat aber nur in ihrer eigenen kleinen Welt begangen. Die anderen sind nicht automatisch freigesprochen. Und all das ergibt, wenn man sich lang genug damit beschäftigt, eine stringente neue Hyperlogik, eine Ahnung von einem neuen Weltbild. Zum Schluß sind alle Toten lebendig und alle Lebenden tot.

Das ist ein Text, der alles verspricht, alles abverlangt – und mehr noch bereithält, für den, der sich auf die Reise macht, sich dem *UC* ausliefert. Es war das größte Wagnis meiner Karriere, und ich hab es, wenn auch mit Glück, geschafft. Ich kann das sagen, ich bin, wenigstens im Moment, der einzige, der das beurteilen kann.

Heute hat Willi Winkler in der SZ dem der Trunkenheit verdächtigten Didi Diedrichsen bös eins mitgegeben. Sein Pasquill gipfelte in dem angeblich besten Satz, den Adorno nie geschrieben hat: *Es gibt kein richtiges Leben in Flaschen.*

Nun ja. Die bezaubernde Jeannie wüßte es wohl besser. Ich habe oft in Flaschen nach dem richtigen Leben gefahndet, aber der Wein ist stets so entgegenkommend gewesen. Und wenn er alle, die Flasche leer war, hab ich nie auch nur vergeblich versucht, ihren Hals hinab zu kriechen. Ich stelle mir vor, daß auf einem Flaschengrund durchaus kein ganz unrichtiges Leben zu führen wäre. Wiefwiwi watscht Dummdidi mit Behauptungen ab, deren Überprüfung erst noch aussteht. Also – einer muß den Anfang machen – kroch ich, glitt ich auf den Flaschenboden, sah mich um, sah dickes Glas all um mich her – nein, ganz richtig ist das wahrlich nicht – aber bodenständig, auf gewisse Weise. Flaschen können Brillen sein, und Adorno hat viele Sätze nicht geschrieben, die man sonst zu seinen besten zählen würde, vor Madagaskar auf des toten Mannes Kiste hocken der Seefahrer etliche, mehr als dreißig bestimmt.

Eine Melodie, die ich jüngst oft gepfiffen hab, und ich wußte nicht von wem, wieso und warum: Der Schwan aus dem Karneval der Tiere von Saint-Saëns, ein Schwanengesang um vier Uhr morgens. Vier Stunden Schlaf, sagte Napoleon, braucht der Mann, fünf die Frau, sechs und mehr der Idiot. Wo ist Napoleon damit gelandet? Auf St. Helena. Letzter Flaschengrund in Inselform. So hart das zu sagen, muß erlaubt sein.

16. 3.

Morgens im Mannschaftskampf gegen Ilmmünster schnell Remis gemacht, dann den Teamkollegen fassungslos beim Patzen zugesehen. Ein krummes Ding passiert bei jedem Kampf, aber gleich vier?
 Su geht es besser. Tom erzählt noch mal von der alles relativierenden Nacht in der australischen Wildnis, im Schlafsack bei Minusgraden, ein Sternenhimmel bis zum Horizont.
 Ich weiß, wovon er spricht. Ähnliche Nacht 1971, in der marokkanischen Wüste, neben der blauen Oase, habe ich auch nie vergessen, aber ich war zu jung und zu leer, daß sie in mir schon irgendwas hätte relativieren können. Vielleicht könnte man auch sagen: ich wurde für alles Kommende schon vorrelativiert.
 Von Walter noch ein nettes Kompliment: *Ich hab's geahnt. Jetzt kommt Elvira alle naselang und zeigt mir mit stillem Vorwurf Stellen aus UC, die ihr besonders gefallen. Ich bin schon eifersüchtig auf Dein Buch, bevor ich es gelesen habe.*

Erneut das Cäsar-Stück deklamiert. Wird nie fertig werden. Keine Ruhe.
 Bea deutet neben sich aufs Sofa: »Hier Lücke! Hintern draufpflanzen. Ruhe geben.«
 Auch noch geben? Erstmal haben.
 Martell immer schwatzhafter. Sehr unangenehm. Irgendwann muß der Roman doch anfangen. Bisher nur banales Geplänkel. Allgemeinbildung, im anekdotischen Stil ausgebreitet, sehr breit ausgebreitet. Albert hat mir nochmal Denis Johnson (*Schon tot*, den Bea gerade liest) ans Herz gelegt und an den *Corrections* gemäkelt, das tauge doch nicht wirklich was.
 Stimmt nicht. Ich neige zum Mißtrauen gegenüber gefeierten Amiromanen, aber dieser war über 450 Seiten hin wirklich gut, lebendig, un-

terhaltsam, einsichtsvoll, atmosphärisch dicht, wenn auch mehr von Fleiß und präziser Beobachtungsgabe zu Papier gebracht als von Genie und Vision. Von Genie zu reden, wie es einige Feuilletons taten, ist Schwachsinn. *Corrections* ist der Beweis dafür, daß Fleiß und gefällige Formulierkunst sehr viel vermögen. Mehr aber nicht. Ich würde so etwas nie schreiben wollen, hab es aber mit Genuß und Gewinn gelesen. Dennoch wars nicht ohne Schwächen und Durststrecken und kippte zum Ende hin ins Ärgerliche ab.

Wie exakt jedes Wissensgebiet (Chemie, Aktienhandel, Neurochirurgie, Meteorologie, feministische Theorie etc.) mit seinen Innereien ausgebreitet wird, um zu demonstrieren, daß sich der Autor mit der Materie wirklich auskennt. Dabei ist sowas nur Sache der Recherche, ohne jede Bedeutung, selten notwendig. Ich würde das ablehnen, nicht allein aus Faulheit.

Ab Seite 450 neigt der Autor, als ob er ob seiner zu großen Unterhaltsamkeit an sich gezweifelt hätte und Kunstanstrengung beweisen wollte, zu lächerlich prätentiösen Formulierungen, gekünstelt pseudopoetischen Sätzen, zum Bildungsprotz ohne Zweck, verbunden mit überspannt originellen Beschreibungen (rotkehlcheneierblaue Wolkenschattierungen). Bis dahin ist der Roman großartig, danach langweilig. Ausgerechnet die Vita der Denise, der außerordentlichsten Person im Familienclan, mißlingt, wirkt ausgedacht und matt.

Der Roman bricht auseinander, weil Franzen nicht geschickt genug ist, eine Komposition dieser Größenordnung zusammenzuhalten. Ein 800-Seiten Roman muß verdammt stark anfangen – und danach immer besser werden. Das ist sehr viel Vorgabe. Ein paar Durststrecken dürfen sein, weitere Baumängel sind nicht erlaubt. Und ein Finale hinzukommen, das noch eins draufsetzt auf die vorhergehenden 750 Seiten – das ist ein herkulisches Unterfangen. Beinahe blasphemisch.

Aber, um nicht an einem guten Buch wie den *Corrections* überzogen rumzuphilistern: der Schluß ist wieder dicht und gut, insgesamt wars ein literarisches Wannenbad, entspannend, wohlig, genußvoll. Empfehlenswert.

Ich würde so etwas nie schreiben wollen, hab es aber mit Genuß und Gewinn gelesen.

Das erinnert mich an den Satz einer Autorin, die über Marquez gesagt hat: Sowas würde man selber nicht schreiben wollen, aber man liest es gern. Reich-Ranicki hat das spöttisch kommentiert:
»Natürlich würde sie gerne so schreiben, dann würde sie nämlich rreich und berühmt! So ein Quatsch!«
Das ist also der Grund, warum man schreiben soll. Um reich und berrühmt zu werden. Traurig.

Mancher Mensch hinterläßt nach seinem Tod eine Lücke, die ihn vollständig ersetzt.

All meine Fußballwetten gehen verloren. Buchstäblich alle. Seit Monaten. Mit 800 Euro hab ich mein Wettkonto gestartet, bin langsam, stetig, in einer unaufgeregten Kurve bis auf 2000 Euro geklettert, seither gings bergab. Ausnahmslos. Langsam glaube ich, daß ich nur auf irgendwas wetten müßte, um das gegenteilige Ergebnis zu sichern. Wie wäre eine solche Form von Einfluß zu benennen? Die ja auch eine Art von Macht darstellt.

Man muß vergeben können
heißt ja nicht:
man muß vergeben.
Man könnte. Wie so oft, besteht

der Reiz im Potential,
nicht in der Aktion.
Mit Möglichkeiten läßt sich
spielen. Möglichkeiten, die
man vergibt, kehren nie wieder zurück.

Meist vergibt man nicht aus Edelmut und Größe sondern aus Bequemlichkeit, aus Faulheit, die sich nicht länger herumquälen will mit einer Rache, zu der der nötige Mut, mit einem Haß, zu dem die nötige Inbrunst fehlt. Vergebung, wo sie kein strategisches Moment enthält, ist oft eine Nebenwirkung der Resignation, die nur Idioten mit Weisheit verwechseln.

Jemandem zu vergeben kommt immer gönnerisch daher, und bedeutet doch nur, den Feind seiner Würde, seiner Wertschätzung zu berauben, die letzte emotionale Bindung zu ihm zu lösen. Indem man nachgibt, nimmt man die Pose des Klügeren ein, verhöhnt den Gegner, zwingt ihm eine sentimentale Attitüde auf.

Weisheit ist die Klugheit der Toten. Sie gehört nicht, paßt auch nicht ins Leben. Lebendige Weise sind selbsterschaffene Untote, die am Spiel des Lebens nicht mehr teilnehmen und sich darauf sogar noch was einbilden. Solchen Menschen, die sich der Gnade beraubt haben, Fehler zu machen, sollte man keinerlei Gehör schenken, sie haben Erde und Menschen nicht begriffen. Taumeln als fleischloses Ärgernis über das Spielfeld einer komplexen Komödie der Irrungen.

Der neue römische Silberring, der nebeneinander Sol und Luna zeigt, kann von mir nicht getragen werden, mein Finger, ja, der ganze Unterarm reagiert allergisch, aber nicht mit geröteter Haut und Pusteln, nein, Finger und Arm werden schwer, ein Ziehen befällt sie, ein Pochen beginnt im Blut, taub wird die Haut, unbeweglich werden die Fingerglieder, selbst wenn ich den Ring nur eine Viertelstunde trage. Unheimlich, da es selbst bei verunreinigtem Silber keine solche Reaktion geben dürfte, und ich unter keinerlei mir bekannten Metallallergien leide.

17. 3.

Geiles Frühstück: Spaghetti con prezzemolo, capperi, aglio e baby-peperoncini von Kattus, dazu Gorgonzola, den man erst ganz am Schluß beigeben darf, auf daß man ihn noch als solchen erkennt.

Man fordert derzeit mehrheitlich einen natürlichen, alltäglichen Redefluß für Romanfiguren, dabei drücken sich viele Menschen sehr gespreizt aus, manche unbeabsichtigt, aus Unsicherheit, oder aus langjährigem Umgang mit Beamtendeutsch, andere haben eine Sonderform der Gespreiztheit zur humorvollen Artistik entwickelt.
    Bea gestern abend z.B. über irgendwas (die schöne Sat1-Werbeblockeinleitungsfrau mit den Kirschen zwischen den Zehen) im Fernsehen, das ich verpaßt habe, weil ich an ihr rumknabberte: «*Wärst du nicht durch extreme Zuneigungsbezeugungen abgelenkt gewesen, hättest du gesehen, daß...*» In einem Roman würde man mir eine solche Formulierung nur dann nicht ankritteln, wenn ich die Figur die ganze Zeit so reden, das Spiel zur Marotte werden ließe. Bea redet aber nicht immer so. Kein Mensch redet immer in derselben Tonlage. Warum läßt man also Romanfiguren so selten zwischen den Tonlagen wechseln? Genau, weil man immer irgendwie hinzuerklären müßte, inwieweit das jetzt ironisch gemeint ist, affektiert, witzig oder ungeschickt. Viele Autoren sind auch vorsichtig, weil von Rezensenten sehr sehr gerne freiwilliger, selbstironischer Witz zu unfreiwilligem deklariert wird.
    Im Film wären keine großen Erklärungen nötig, die Mimik des Schauspielers reichte als Deutungsfolie völlig aus. Und ausgerechnet Filmdialoge sind meist sowas von eintönig, flach und nuancenlos.

Jedes geglückte Kunstwerk ist Abbild der Welt. Umso wahrhaftiger, desto geglückter.
    Im Grunde ein Armutszeugnis. Doch logisch: Kunst wird von der Welt aus beurteilt, also von unserem Planeten aus, sie wird von seiner Bevölkerung an sich und ihren Bedürfnissen gemessen. Das ist nicht ba-

nal, eher erschreckend simpel. Geozentrisch. Kunst ist terrestrische Propaganda, positiver gesagt: humanoide Aufklärungsarbeit. Herauskitzelung des immanent Göttlichen in diesem zum Tod verurteilten Erdendasein.

Mit Girgl telefonisch den Ablauf der Heiner-Lesung am Samstag besprochen. Er hat heute das Buch bekommen und eine Träne verdrückt. »Wie Heiner sich gefreut hätte, dieses Buch zu sehen.« Dann müssen wir uns eben für ihn mitfreuen.
   Kurz noch schriftliches Interview mit dem BR.

Der Roman von Martell beginnt ungefähr auf Seite 90. Wird sogar witzig. Dennoch, das ganze Davor hätte man auf zehn Seiten zusammenfassen können.

Irak-Krieg kommt ins Rollen. Wohlgemerkt: Es würde genügen, wenn Saddam ins Exil ginge, kein Tropfen Blut müßte fließen, nicht einmal seines. Wie muß ein Mensch beschaffen sein, der dem eigenen Volk ein solches Opfer nicht erspart. Im Wissen, daß er militärisch ohne Chance ist.

Abends im Gasteig. Sinfonie Mathis der Maler und Bruckners Neunte unter Daniele Gatti.
   Die seifig verwaschene Akustik noch auf den besten Plätzen der Philharmonie ist nicht mein Ding.
   Hindemith wird es auch nicht mehr werden. Kaltes Feuer, Kompromißmusik zwischen Verbotenem und überwunden Geglaubtem, labbrig instrumentalisiert, immerhin eine sehr schöne Stelle im langsamen Satz, mit originellen, schnell aufeinanderfolgenden Harmoniewechseln. Daniele Gatti hörte ich zum ersten Mal. Wenig Lust auf mehr. Bei Bruck-

ner hat er alles falsch gemacht, was falsch zu machen ist. Wirre Tempi ohne logische Struktur machen diese Musik plakativ und langatmig. Kitschig und süßlich-pompös. Das war immerhin mal meine Lieblingssymphonie. Nie hat sie mir so wenig gesagt wie heute abend. Das Orchester: lasch, lustlos, drosch seinen Part runter wie meistens in der dritten Aufführung desselben Programms. Tschetschenische Bergkapelle in Kriegsangst. Schwere Abstimmungsmängel im Blech. Am Ende zwei zaghafte Buhs, sonst lahmer Applaus für den Dirigenten, der auswendig dirigierte, was okay ist bzw. nicht besonders bewundernswert. Wenn man die Partitur studiert hat und ein paarmal mit Orchester probt, kann man sie halt auswendig, warum also ständig Seiten umschlagen, auf die man dann eh nur einen flüchtigen Blick wirft. Die Gefahr eines Blackouts ist da, kann aber von einem guten Orchester leicht überspielt werden. Die Musik in ihrem Wesen begriffen zu haben, ist ungleich wichtiger. Es bringt auch nichts, während der Aufführung dem Orchester dauernd gestenreich zu vermitteln, daß es gerade unter seinen Möglichkeiten geblieben ist, selbst wenn das der Fall war.

༄

Vorher hab ich mir John Adams' *Naive and sentimental Music* gekauft, ein Tip von Tom.

Das läuft jetzt im Hintergrund. Diskret. Um nicht zu sagen: Drängt sich kaum auf.

Obwohl man über Musik, die man nicht mindestens viermal gehört hat, rein gar nichts sagen dürfte.

In der SZ, höre ich, sei ein moderates Lob über *UC* erschienen: Der Roman sei hochintelligent, aber etwas anämisch; und selten so dunkel und böse wie das ihm innewohnende Andersen-Märchen. Naja. Wie böse muß man denn noch sein? Angeblich hätte ich auf Finchers *The Game* zurückgegriffen. Das hieße, Erbsen mit Birnen zu vergleichen. Und auf die Filme von David Lynch. Das stimmt eher. Aber ausgerechnet *Lost Highway*? Nein, wenn dann auf *Mulholland Drive*, das hab ich ja auch stets betont. Ist auch egal.

Gedanke während des Konzerts: Keine Kinder, nein, wir haben ganz andere Möglichkeiten, uns fortzupflanzen.

Und viele hübsche Mädchen waren zu sehen, Beatrice liest meine Gedanken: »Kurze Röckchen, lange Beinchen!«

18. 3.

Das Andersen-Märchen ist kein Schlüssel zu *UC*. Wäre ja viel zu einfach. Der Roman käme auch ohne es ganz gut zurecht. Nur eine Dreingabe. Bea hatte die Idee, als die restliche Konstruktion schon fertig war.
Samuel Kurthes sei ein Anagramm meines Namens. Stimmt eben nicht. Stimmt nur fast, aber die Rezensenten nehmens nicht so genau.

Eine aus Asien eingeschleppte »heimtückische« neue Lungenkrankheit (SARS) sorgt für Besorgnis (sic!) Keine Krankheit ist heimtückisch. Alle Krankheiten sind dumm. Manche lästig, gefährlich, sogar tödlich, aber sonst: saudumm. Krankheiten befallen einen, sie schleichen sich nicht an. Dämonisierung einer primitiven Wirkungsmacht, damit sich der Patient Mensch nicht so ohnmächtig und anfällig vorkommt.

S-Bahn Fahrt an nackten Laubwäldern vorbei. Soviel Kahlheit, die bald knospen wird, die für kommende Fülle steht. Zwei rotbraune Setter rennen nebeneinander über einen riesigen Brachacker im Sonnenschein. Flug nach Berlin. Ich lasse meine schwarze Tasche nur drei Minuten allein, schon kommt eine Lautsprecherdurchsage: *Der Inhaber der schwarzen Tasche auf Gate A12 möge sich bitte melden* – ansonsten sie gesprengt werden müßte.
Es gibt im Duty-Free-Shop keinen Lagavulin mehr. Im normalen Geschäft ist er 20 Euro teurer. Mich interessiert das. Existentiell.

Mit Su im Karstadt am Hermannplatz einkaufen gewesen.
Diskussion über den Balkan nach dem Tod von Djindjic. Su sieht das weit pessimistischer als ich. So sympathisch Djindjic war, so bedeutungslos ist sein Tod in der Frage der Verwestlichung Serbiens. Eher wird er sie noch beschleunigen. In fünf Jahren sind die Serben in der EU.

Su erzählt noch, daß der Dealer vor ihrem Fenster von vier Zivilpolizisten, die aus einem VW-Bus sprangen, in den Schwitzkasten genommen und gefilzt worden sei, sie hätten nichts gefunden, weder bei ihm noch im Gebüsch, seien wieder abgezogen, und der Dealer habe apathisch auf der Parkbank gesessen wie vorher. Aufregend erfolgversprechende Strategie.

Abends in 3sat: *Abschied. Brechts letzter Sommer* von Jan Schütte. Hölzerne Dialoge, aneinandergereihte inkohärente Szenen, aus Biografien abgeschrieben, null Dramaturgie, das Filmchen verläßt sich einzig auf die Schauspieler. Kein Spannungsbogen, keine Tiefe, von Poesie ganz zu schweigen.

Fast genauso schlimm: Ally Mc Beal – wie kann man eine dereinst stellenweise charmante Serie so kaputtschreiben? Ally ist inzwischen nur noch durchgeknallt-dumme Mega-Megäre, Legionen immer skurrilerer Typen werden in die Anwaltskanzlei aufgenommen, und wer die Idee hatte, Dame Edna länger als nur eine Folge in die Serie zu integrieren, sollte ohne Gerichtsurteil erschossen werden.

Spät, als letzte Rettung, Schumanns Vierte (Roshdestwenski).

die stille im zimmer
nach großer musik
ist die verwandlung
des nichts in ein nicht
wahrnehmbares da.

Immer wenn ich meinen PC ausschalte, ruckelt und rattert er endlos rum, bevor der Bildschirm schwarz wird, es ist, als spräche ein Kind sein Nachtgebet: »Fährst Du mich auch wieder hoch?«

Ich werde immer animistischer. Das macht mich drollig, kommt bei den Frauen gut an, dennoch ungutes Symptom. Irgendwann werde ich meinen Schachfiguren gut zureden, sie möchten doch bitte zusammenhalten gegen den Feind und sich ihre jeweils idealen Felder selber suchen.

Eine hochgewachsene Frau wird durch Stiefel nur noch etwas länger. Eine etwas kleinere Frau wird durch Stiefel kaum größer, ihre Füße werden in Stiefel verwandelt. Das ist so sexy an kleineren Frauen mit Stiefeln: Organisch gewordenes Schuhwerk.

19. 3., Totenmittwoch

Bea: »Ich muß dir was sagen...« Sie macht eine schlimm lange Pause. (Warum sagt sie nicht einfach, was passiert ist?)
Daß meine Mutter bei ihr angerufen hat. Heute Nacht ist mein Cousin Georg, 39, an Krebs gestorben. Ich hab ihn sechzehn Jahre nicht gesehen, hatte keine Ahnung von seiner Krankheit, es muß auch ziemlich schnell gegangen sein. Meine Eltern wollten ihn kommendes Wochenende im Krankenhaus besuchen, nun fahren sie zu seiner Beerdigung.
Georg war ein prima Kerl, gradeheraus und herzlich, wir hatten zwei gute Sommerferien zusammen am Gardasee. '73 und '74. Glaub ich. Im Rückblick gibt es wenig greifbare Unterschiede zwischen dem siebten und dem zehnten Lebensjahr, kaum signifikante Trophäen, alles ist Vorpubertät. Wir haben uns gut amüsiert in unserem italienischen Zelt. Einmal hab ich eine schlechte Forelle gegessen und seinen Schlafsack vollgekotzt. Er hat sehr darüber gelacht. Sein Tod bedrückt mich. Es muß zur selben Zeit geschehen sein, als ich das Gedicht schrieb, *die stille im zimmer*. Oder wars, als ich über »heimtückische Krankheiten« nachgedacht habe?

Kalt und windig. Die alten Männer im Wärmeschutz der Markthalle, sie kaufen nichts, stehen nur rum, suchen einander, debattieren, wie im Eifer der Gefechte verlorengegangene Feldherren, über Fragen, auf die sie nie Einfluß haben, gehen Dinge an, die sie nie etwas angehen werden, und es ist nichts lächerlich dabei.
Seltsame Wolkenformationen durchziehen den Himmel.
Und Flugzeuge, schwer beladen, Post vom Tod, Gebühr zahlt Empfänger.

An manchen Tagen hat man ein besonders Verhältnis zum Tod, er kündigt sich an, man weiß, daß er einem näher sein wird als sonst. Zum

Beispiel letzten September, als Bea und ich in Ahrenshoop an der Ostsee waren. Ich wachte morgens auf, schwermütig, und wußte, daß es ein gefährlicher Tag werden würde, hatte geträumt, daß der Tod an die Tür klopft.

»Sollten wir dann nicht zuhause bleiben?« fragte Bea, und ich meinte, nein, man könne nirgendwohin fliehen. Was so ganz aber nicht zu stimmen scheint.

Wir sahen uns an diesem Tag Wismar an, ein Schmuckstück, liefen zwei Stunden in der Altstadt herum, wollten dann wieder zurück. Plötzlich war da erneut dieses eigenartige Gefühl, und ich sagte, obwohl ich ganz fußwund war: »Laß uns noch ne Runde drehen.«

Wir drehten noch eine Runde, erst danach fuhren wir auf die A19 und gerieten vor Rostock-Südstadt in einen Stau. Die A19 war gesperrt. Ein sechsundsiebzigjähriger Mercedesfahrer war in ein Stauende, genauer: in einen stillstehenden KIA gerast; der Mercedesfahrer und vier junge Frauen kamen dabei ums Leben. Das erfuhren wir am Abend aus den Nachrichten. Ein würdeloses Ende. Bea stellt sich aus diesem Grund bei einem plötzlichen Stau immer ganz rechts in die Reihe und behält den Rückspiegel im Auge. Vielleicht erhöht das die Chancen. Egal.

Wir stehen also da vor Rostock-Südstadt im Stau – und hätten wir in Wismar nicht noch eine Runde gedreht, ich bin mir sicher, es hätte uns erwischt. Man kann es nicht wissen, aber ich weiß es einfach. Zwischen den beiden auseinanderrückenden Staureihen hindurch rollen die Wagen von *Abschlepp-Harry* zum Unfallort vor.

Dann – sehr bedrückender Anblick, alle drehen die Musik leiser – der Leichenwagen der Firma *Diskret*. Er bleibt genau zwischen uns und einem Lastwagen stecken. Der grau uniformierte Fahrer steigt aus und klopft beim Lastwagenfahrer an die Tür. Fragt ihn, ob er ihm den Weg auf die Standspur freimachen könne. «*Da vorn wartet massig Kundschaft auf mich!*«

Ebenso der Tag im letzten Juli mit Su, als ich morgens ähnlich trübsinnig gewesen war. Wir unternahmen eine Radtour, fuhren am Südstern-Friedhof genau in der Minute vorbei, als drinnen eine Frau erstochen wurde, von einem Irren, ohne jedes erkennbare Motiv. Wir radelten am Friedhof vorbei, zum sehr sehenswerten Flughafen Tempelhof, von dort auf den Platz der Luftbrücke, an einem Hochhaus entlang Richtung Mehring-Damm. Liegt was auf dem Gehsteig. Ich fahre fast drüber. Ein Selbstmörder hat sich aus dem neunten Stock gestürzt, keine fünf Minuten zuvor. Hätte ich am Flughafen nicht kurz mit Bea telefoniert, wär der Kerl auf mich draufgeflogen oder zumindest direkt neben mir auf den Beton geklatscht, kaum weniger appetitlich. Sein Kopf war vom Aufprall wie eine Melone geplatzt, zeigte quer übers Schädeldach einen breit klaffenden Spalt, nur wars darin nicht weiß oder rot, sondern ganz dunkel, als wäre er zwischen den Ohren hohl gewesen. Wären Spinnen aus dem Spalt gekrochen, es hätte mich auch nicht weiter gewundert.

Im Hugendubel sehe ich einen jungen Mann, der in *UC* blättert. Er liest wahllos irgendwelche Seiten – dann den Schluß. Empörend.

Monika erzählt Gruseliges. Georg habe stark gelitten, habe gewußt, daß er sterben würde, habe durch die Chemo alle Zähne und Haare verloren, sei bis aufs Skelett abgemagert, man habe ihn nicht wiedererkannt. Lymphdrüsenkrebs sei sehr aggressiv. Aggressiv? Aggressiv ok. Böse nein.
    Krebs ist nicht böse. Krebs tut, was er tun muß.
    Gestern noch redete Schmidt über ein neu erschienenes Buch zum Thema »Segen der Spätekennung bei Krebs«, wo es darum geht, daß es oft besser sein kann, wenn man sich die ganze Chemotherapie spart, nochmal gut lebt, dann schnell stirbt.

Schweren Wein getrunken. Irak: froh, daß es losgeht? Beinah. Froh, wenn es bald vorbei ist.
    Die schlecht verhohlene Freude der Medien, daß es endlich losgeht.

Musik fließt in Fetzen vorbei, wie eine Erinnerung, als über die Wand huschender Gecko.

Ich habe mich aus meinem eigenen Weltbild relativiert, sitze irgendwo und greife nicht mehr ein, höchstens so, als wohnte ich meiner Verfilmung bei und sagte hin und wieder, das und das ist aber anders gewesen, doch weil es egal ist, sage ich es für mich, und nur einmal, und sehr leise.

Als wäre ich schon tot, blicke ich auf Ereignisse herab, wie man ein altes Foto-Album durchblättert, wie ein Ehemaliger die neuen Jahrgänge seiner Schule betrachtet, in einer Mischung aus Spott, Neid und Mitleid.

Ich Außenposten meiner selbst. Wo ist mein Innen-Ich hin?

Hab ich diesen Satz nicht schon mal aufgeschrieben?

Geschaffene Fakten ziehen eine neue Dynamik nach sich, die mit der vorherigen hypothetischen Dynamik nichts mehr gemein hat. Man muß immer neu verhandeln.

In der Politik erreicht Dummheit, die keine Selbstzweifel kennt, oft sehr viel mehr als skrupulöse Klugheit, deren von Zweifeln umstelltes Denken in selbstverordnete Ohnmacht mündet.

Erst jetzt, wo mein Buch gedruckt ist, entdecke ich hier und da stilistische Schwächen, die man leicht ausbügeln könnte. Ärgert mich immer, obwohl es immer so sein wird. Es gibt dieses unerklärliche Phänomen, wonach einem das Typoskript gewisse Einsichten vorenthält.

Umgekehrt muß man festhalten, daß Testleser vom Typoskript meist sehr viel weniger beeindruckt sind als vom fertigen Buch.

20. 3., Donnerstag. Hölderlins Geburtstag.

Um 3.30 die ersten »Enthauptungs«-Bomben auf Bagdad. Saddam sollte gezielt ausgelöscht werden, das ist mißlungen. In Berlin demonstrieren 50.000 Schüler gegen den Krieg. Alle wissen, was gut ist, sogar schon die Fünfzehnjährigen. Letztes Jahr hat sich diese geisteskranke Sechzehnjährige an einen Castor-Transport gekettet und wurde dafür als Heldin gefeiert, weil ja sowas von engagiert und so. Sechzehnjährige gehören auf die Schulbank. Die haben sich nirgendwo anzuketten. Die haben noch keine eigene Meinung zu haben, und wenn doch, dann sollen sie sie für sich behalten. Ich möchte von Meinungen Sechzehnjähriger nicht belästigt werden.

Freundlicher Brief von Thielemann, der sich für das Buch bedankt. Der Rummel um Thielemann ist nicht unbegründet, aber als Wagnerdirigent war Lothar Zagrosek doch die euphorisierendere Entdeckung der letzten Zeit. Seine Götterdämmerung in Stuttgart toll. Obwohl – sowas ist eine Frage der Temperatur. Thielemann schichtet eine Partitur wunderbar auf, hinterlässt höchste Transparenz, bezahlt es manchmal mit müden Tempi, bei Zagrosek toben die Strudel und schwappen zusammen, er zieht in die Partitur wie in einen Häuserkampf. Das liegt mir, der ich Ekstase der Seligkeit vorziehe, näher.

Im *Playboy* ist eine *UC*-Rezension mit Foto von mir. Wow. Jetzt kann ich überall den Satz fallen lassen: *Als ich neulich im Playboy war.* Und meinen Freundinnen sagen: Jetzt könnt ihr alle den Satz fallen lassen: *Als neulich mein Freund im Playboy war.*

Abends Verleihung des deutschen Bücherpreises. Peinlich. Wer da hingeht ist selber schuld. Warum tut sich ein Künstler das an? Oder Doris Dörrie? Dabei gibts da gar kein Geld, nur die Replik der scheußlichen Plastik eines deutschen Schriftstellers. Da wär doch ein Sack Apfelsinen besser. Und alle seufzen noch schnell ins Mikrofon, wie entsetzlich dieser Tag doch sei.

T.C. Schickt mir ein Mail. Wie entsetzlich dieser Tag doch sei.

Das Klima ist entsetzlich. Erstens saukalt. Zweitens: Wenn man derzeit durch Berlin ginge und »Ja zum Krieg« riefe, man würde von Volkspazifisten sofort verhaftet und erschlagen.

༄

Habe mir einen Handstaubsauger gekauft, mit erstaunlicher Saugkraft. Das habe ich heute gemacht. Mail-Interviews gegeben, mit komischen Fragen wie: Haben Sie Kinder?

(»Nein, kann ich Ihnen aber besorgen« – das wäre eine schöne Antwort gewesen.)

Su berichtet, daß ihr Blutbild soweit ganz okay sei. Bei Viruskrankheiten gäbe es tausend Möglichkeiten, die Ärzte könnten nur ein paar davon gezielt abprüfen, müßten das Gros des Repertoires im Dunkeln krabbeln lassen. Sie blüht wieder auf.

༄

Zapping. In der Talkshow von Maybrit Illner aufgeschnappt:

Ein Exiliraker: *«Die Mehrheit des irakischen Volkes wünscht sich, von Saddam befreit zu werden.«*

Alice Schwarzer: *«Aber Ihre eigene Mutter ist doch in Bagdad, nicht wahr?«*

Schmidt-Show endlich mal wieder böse gegen den Strich gekämmt.

»Münti Müntefering hat heute gesagt: *Die Menschen in Deutschland haben Angst.* Da hab ich richtig Angst bekommen. Vorher hab ich davon ja nichts gewußt.« Und wie er den senilen Scholl-Latour parodiert, der immer noch zu allem seinen Senf abspritzen darf: selten so gelacht.

Später noch – endlich – festgelegt, was ich morgen abend aus *UC* lesen werde. Nie war das schwieriger als bei diesem Roman. Den eigenen Text so reduzieren müssen. Grauenhaft. Ohne die Komplexität auch nur andeuten zu können. In einem Jahr, wenn man beim Publikum voraussetzen könnte, daß es das Buch bereits mehrheitlich gelesen hat, wird das was anderes sein, dann wäre einiges möglich, zu dem man dann nur leider keine Lust mehr haben wird.
    Ich bin sehr aufgeregt.

21. 3.

Mittags Fahrt nach Leipzig, an weiten Kiefern- und Birkenwäldern entlang und Äckern, die in der Sonne glänzen. Immer noch kalt.

Mit uns im Zug sitzt T. K., dem ich nun in keiner Weise begegnen möchte.
Von allen widerlichen Kontakten mit der Journaille war der mit ihm der widerlichste.
Ekliger Philister, vorne Schleim, hinten Galle, intrigant, böse, dumm, brutal. Trägt seine alberne Zettelkastenhalbbildung wie einen Schrein vor sich her. Kulturloser Angeber, leidenschaftlicher Adabei. Gewürm, das sich allen Ernstes für herrenmenschlich erhaben hält. Ein Kretin. Ohne Stil und Geschmack und Humor. Jede Eiterbeule ist sympathischer. Ich will so etwas einfach nicht mehr Guten Tag sagen müssen. Sehe weg, als das vorbeigeht und Blickkontakt sucht.
Später läuft das sogar hinter uns her und nimmt im selben Hotel Logis. Ich lasse mir ganz schnell den Zimmerschlüssel geben und drehe mich nicht um. Seine abstoßende Fresse schwebte mir bei der Zeichnung des Herrn Mucos aus *UC* vor. Nur geriet selbst Mucos mir reichhaltiger als Frankenstein dieser Homunkel.

Manche Leute haben einen geistigen Horizont vom Radius Null. Diesen nennen sie Standpunkt.

Die Prachtarchitektur des Leipziger Bahnhofs. Nur vergleichbar mit dem Grand Central in NY, sagt Su. Im Seaside Park Hotel geräumige Suite bekommen (212), mit Blick auf den Bahnhofsvorplatz. Bald mit der Trambahn zur Messe hinaus, deren Glashalle bei Sonnenlicht überwältigend wirkt. Judith Hermann im Profil gesehen. Was für eine Nase.

Bei den Vorbereitungen für den Abend Mail von Kerstin R. aus Cottbus erhalten. Die hätten sich nun doch entschieden, lieber die Hebbelschen Nibelungen aufzuführen, mein Stück sei damit wieder für andere Bühnen frei. Selten dämlicher Schrieb, noch dämlicher als der erste. Das Stück war immer für andere Bühnen frei.

Ich faß es nicht. Um 5000 Euro Uraufführungstantieme zu sparen. 5000 Euro. Das ist weniger als die Hälfte dessen, was üblich ist, das war Aufbauhilfe Ost – wie ich mich ins Zeug gelegt habe, damit Cottbus das Stück bekommt, und nun ersparen diese Dumpfbacken der Stadt Cottbus die *Unser Lied*-Uraufführung. Unfaßbar. Und wenn dieses Theater in drei Jahren dann geschlossen werden wird, jammern wieder alle. Wer dem Publikum Scheiße gibt, bekommt Scheiße zurück.

Abends in der Galerie für zeitgenössische Kunst erste Lesung aus *UC*. Ging ganz gut. Aufregung legte sich schnell. Der Text kam nicht so hart an, wie gedacht, viele Lacher. Saal brechend voll, schlecht gelüftet. Guter Applaus. Am Schluß kündigte ich die morgige Lesung aus Heiners *Frl. Ursula* an, und plötzlich brach mir die Stimme, wohl entladene Anspannung, auf die Resttrauer traf, jedenfalls entkam mir ein kleiner Schluchzer, Tessa meinte, sie habe Gänsehaut bekommen.

Andrea G. hat Geburtstag heute, Andrea D. hats wieder einmal nicht geschafft, steht im Stau, aber selbst wenn sie pünktlich gewesen wäre, wäre kein Platz mehr frei gewesen.

Erst ins prollige *Hemingway*, das der leider rappelvollen *Barcelona-Bar* gegenüber liegt, in welcher ich vor zwei Jahren Su kennenlernte, damals war auch Heiner dabei und betatschte dauernd ihr Knie. Su erzählt, was er damals im Taxi lobend über mich gesagt hat, das läßt mein Herz schmelzen.

Tessa meint, wenn Rowohlt von der Neuübersetzung von Célines *Reise ans Ende der Nacht* 1500 Stück verkauft, so sei man schon froh. Ich kann das nicht glauben. Das deprimiert mich den ganzen Abend. Ich bin von 50.000 Startauflage ausgegangen. Ist doch eines der besten, nicht nur in meiner Meinung, Bücher des 20.Jahrhunderts, jetzt um 200 Seiten reicher, endlich korrekt übersetzt.

☙

In der Taz bespricht Wiefwiwi den BUK-Sammel-Gedichtband recht ehrfürchtig, dann läßt er einen Nebensatz los, laut dem alle heutigen Dichter Kunsthandwerk produzieren und keiner auch nur die gängigsten Versfüße beherrscht. Natürlich – Wiefwiwi kennt sie alle.

Im Fernsehen Betroffenheitsgeblubber, dazu noch zwei Mails von T.C. – wie entsetzlich der Krieg sei.

☙

Alles geht
seinen Gang
meinen ich.

22. 3.

Beim Frühstück glotzt mir Tilman Schleim hinterher. Ich fürchte jeden Moment, daß er fragt, ob er sich an unseren Tisch setzen darf. Halte ein trockenes »Nein!« bereit. Zum Glück läuft er lieber Judith H. hinterher und stößt ein anmutiges »Hach!« aus.

∞

Auf der Messe Radek getroffen, dank ihm Daniel Kehlmann kennengelernt. Angenehm.
Auch Heike wiedergesehen. Das Kind hat Spuren hinterlassen. Wieso auch nicht? Kinder hinterlassen Spuren.
Überall Judith Hermann-Bashing. *Und ewig summte der Kühlschrank*, sagt Tessa sehr hübsch. Ich hab das zweite Buch noch nicht gelesen, aber alle (bis auf Tom) sagen, es sei noch öder, noch banaler und schlapper als das erste, aber es treffe auf ein Publikum, das öde, banal und schlapp sei, man schlafe also nah am schwachen Puls der Zeit ein.

»Hallo, ich schreibe gerade Tagebuch, geben Sie mir bitte diesen und jenen Roman kostenlos mit?«
Hab alle bekommen.

Daß ich auch so eine sozial-realistische Phase hatte, in der ich, wie Heiner, die direkte Inspiration im Bierstüberl, auf der Straße und im Supermarkt gesucht und gefunden habe.
Su: »Ja, aber in *Fette Welt* merkt man ganz deutlich, daß da Zeile für Zeile eine Sprungfeder aufgebaut wird, die dich da raus katapultieren soll.«
Sprungfeder. Gefällt mir.

Das *Smow* ist – gänzlich unerwartet – für Lesungen ein idealer Veranstaltungsort. Georg M. Oswald (»Girgl«) und ich lesen aus *Frl. Ursula*, dem nachgelassenen Roman von Heiner Link – und der Buchhändler baut auf dem Verkaufstisch lauter Krausser-Bücher auf, nicht mal eines von Girgl und überhaupt keins von Heiner. Die Bücher fehlen. Das darf nicht wahr sein. Da wird ein Buch vorgestellt, das nicht zu kaufen ist, weil irgendjemand gestern mit heute verwechselt hat. Das ist peinlich. Wir erklären den Sachverhalt dem Publikum. Und lesen. Und es herrscht Stimmung. Einmal, zum Glück nur einmal, konnte ich vor Lachen nicht weiter, nahm mich dann gerade noch zusammen. Einen oder zwei solcher Aussetzer duldet das Publikum gern, dann will es endlich bedient werden – in der Schule mußte ich einmal ein Gedicht vortragen, darin gab es die Stelle „*im Wald und auf der Heide*", links neben mir saß Heide – und ich konnte das Gedicht nicht bewältigen, trotz wildester Drohungen des Lehrkörpers.

Girgl wirkt von der Schlußarbeit an seinem neuen Roman (*Im Himmel*) erschöpft und glücklich ausgelaugt. Später viel freundlicher Zuspruch aus dem Publikum. Gingen noch in ein von Sus Bruder Martin ausgesuchtes Lokal (*Telegraph*).

Wenig Feierstimmung. Ausgelassen johlen, wie das Fett in der Pfanne brutzelt, das wärs, aber es lastet zuviel Druck auf uns, vor dem Roman ist nach dem Roman, vice versa, der eine will nicht zuviel versprechen, der andere nicht zuviel verraten. Und unter uns sind wir ja auch nicht. Zuviele Adabeis flattern mit ihren Abhörflügeln, verwickeln Girgl schamlos in die banalsten Gespräche und grinsen dabei noch begeistert. Er, der alles mehr als Zeit hat, konnte dennoch nicht widerstehen, als ihm das Goetheinstitut eine Lesereise nach Novosibirsk, Jekaterinenburg, Krasnojarsk und Omsk angeboten hat.

X. berichtet, in A's »Familie« aufgenommen worden zu sein, jetzt hätte ich, falls ich sie haben wollte, Unterweltkontakte. Wer weiß für was das noch mal gut sein wird.

☙

Überhaupt keins. Das allereinzigste. Der Super-GAU. Nennt man diese Form *Hyperlativ?* Nein? Dann heißt sie eben so ab jetzt.

23. 3., Sonntag

Spaziergang vorbei an frisch renovierten Gründerzeitbauten. Leipzig ist wirklich eine meiner liebsten Städte geworden. Su zeigt, wo sie früher gewohnt hat: beeindruckend schon die Treppengeländer aus gedrechseltem Kirschholz, mit schweren schwarzen Pfostenfiguren. Viermeterhohe Decken. Zwischen den Glaswänden einer somit einsichtbaren Kanzlei hinauf führt eine Treppe direkt aufs Dach. Blick auf den Zoo. Damals, '89, war das Haus völlig verkommen, die Miete für Sus Wohnung betrug 40 Mark. Der Eingang in diese Wohnung ist zugemauert worden, was Su schwer nimmt, vielleicht sogar symbolisch.

Tolle Stadt. Im Zentrum jedes zweite Gebäude ein Hingucker. Die Commerzbank. Der Platz vorm Coffee-Baum im Barfußgäßchen. Das West-In hieß früher Hotel Merkur und beherbergte zu DDR-Zeiten sowohl ein Bordell wie ein Casino. Was es beides ja offiziell nicht gab.

Kurz in der Thomaskirche am Bach-Grab. Auf einem Photo von 1890 sind die Gebeine zu sehen. Bach bis auf die Knochen. Schiebt sich unter meine Haut.

Das Riquet-Haus. Der Renaissance-Giebel/Erker in Bartels Hof. Herrlich. Und der erste Zitronenfalter fliegt.

Zurück nach Berlin. Abends alleine. Ruhe und Rouladen. Und Musik. Muß man nur darauf kommen. Früher funktionierte mein Kreislauf ohne Musik ja gar nicht erst, heute ist die Stille Dauergast, fällt nicht mehr störend auf.

Das irakische Fernsehen zeigt gefangene Amerikaner.

In der Welt ein Interview mit Franzen zum Krieg, das ungefähr meiner Position entspricht.

Spät noch Interviewfragen beantwortet.

Was bedeutet für Sie Tradition?

Teil eines Orchesters sein, deren Mitglieder nicht zeitgleich spielen. Der Glaube, Solist zu sein, ist immer eine Illusion. Alles, was Fakt ist, reiht sich in die Kette. Keiner klinkt sich aus. Alles ist beeinflußt von etwas, alles wird etwas beeinflussen. Man muß sich in Richtung Zukunft vorarbeiten, man muß sich genauso in die Vergangenheit vorarbeiten.

☙

Es kam beim Notar ans Licht: Der Vorbesitzer meiner Wohnung wurde am 11. 7. 1944 geboren, auf den Tag genau zwanzig Jahre vor mir. Ich sah jenen älteren Herren, der auf Krücken ging, daraufhin mit anderen Augen. Ein Menetekel. Mahnung, die nächsten zwei Jahrzehnte optimal auszunutzen.
Ich vergeude manchmal mein Leben so blöde, als wär es mein erstes. Und möchte es doch wie das letzte geniessen.

☙

Hochtrabende Diplomarbeit über *Thanatos* fertiggelesen. Gab mir eine Erinnerung an die Tiefe des Projektes. Schlüssig bis auf folgendes: Nirgendwo in *Thanatos* gibt es einen konkreten Hinweis darauf, daß Johanser Somnambelle ermordet hat. Er fand sie tot vor, negierte ihren Tod vor sich selbst, versteckte ihre Leiche. Mehr steht da nicht. Er hat ihren Zustand gefälscht, nicht unbedingt herbeigeführt. Ihre Todesursache kann von vielerlei Art gewesen sein.
Man billigt Johanser mehr kriminelles Potential zu, als einem an sich feigen Typus wie dem seinen zusteht, den nur Panik oder Verzweiflung zum Handeln treibt, aus der parabolischen Reflexion reißt, mit der er sonst alles sich zwangsangleicht. Immerhin ist Somnambelle tot, soviel wissen wir. Bei der Claudia aus *UC* ist nicht einmal das gewiß. Sie ist Somnambelles Nachfolgemodell, eine Art Schrödingers Katze, die in der einen Welt lebendig ist, in der anderen nicht. Weswegen Arndt über sie auch nichts Letztgültiges sagen kann, ihm liegen zuviele widersprüchliche Meldungen vor.

24. 3., Montag

The Oscar goes to
The Pianist, aber nur für beste Regie. Wärs bester Film geworden, wär ich nun um 1600 Euro reicher.
Chicago sechsmal ausgezeichnet, *Gangs of New York* geht leer aus. Scorsese kann es nicht fassen.
Nirgendwo in Afrika – für den besten ausländischen Film – das kapiere ich nun wirklich nicht. Es hat in den letzten zwei Jahren allein in Deutschland bestimmt fünf bessere Filme gegeben. Aber gut: Eine positive Botschaft an die deutsche Filmindustrie kann sein, daß man mit Zweieinhalbstundenfilmen alles erreichen kann. Gerade jetzt wichtig, wo die ARD jede Spielfilmproduktion gnadenlos auf 88'30 zusammenschneidet. Dennoch, wenn man bedenkt, daß *City of God* den Oscar nicht bekommen hat, wohl aber Caroline Link, da möchte man vor Wut schreien.

Endlich 15°.

Mathias Prechtl ist gestorben. Ich wollte ihm morgen ein Exemplar von *UC* schicken.
Bei aller Trauer deswegen ein wenig Dankbarkeit, daß er mir auf den letzten Drücker Brief und Porto erspart hat.
Und heute, endlich: die neue *Placebo*-CD. Die erste Nummer klingt, als wären die Wipers nie von Bord gegangen. Später ein direktes Textzitat von den *Violent Femmes*: *Third verse, same as the first.* Was soll sowas? Das ist mehr Diebstahl als Hommage, solange nur irgendeiner der Hörer nichts von den Femmes weiß.
Ertappe mich dabei, wie ich Beas Telefonnummer in die TV-Fernbedienung tippe.
Kriegsberichterstattung: Die Nachrichtensprecher lächeln schon wieder bei den Anmoderationen.

Dreister Abzockversuch.
Ein Mahnungsschrieb behauptet, daß ich »Member« bei www.alte-huren.de sei. Es wird gefordert, binnen sieben Tagen rund 200 Euro zu zahlen, ansonsten werde ein Inkasso-Unternehmen beauftragt, das Geld einzutreiben. Hingewiesen wird darauf, daß mir ein Debit-Code per Telefon mitgeteilt wurde, was vor Gericht beweisbar sei. Das ist natürlich alles Schwachsinn, die Site ist mir völlig unbekannt, und Girgl rät dazu, das gleich an die Staatsanwaltschaft weiterzuleiten, aber gerne wissen möchte ich, wie diese Bande an meine Adresse kommt. Und noch viel lieber wissen möchte ich, wieviel Kohle die mit so was machen.

Das Ganze arbeitet mit dem Peinlichkeitsfaktor (wenn es wenigstens www.junge-fotzen.de wäre!) Geschickt gewählte Summe, die kaum wem ernsthaft weh tut. Suggeriert wird auch, daß man vor Gericht keine Chance hätte, man appelliert an die Scheu der Leute vor Auseinandersetzungen. Solche Betrüger müßte man öffentlich schinden und häuten.

Spaziergang am Plan-Ufer. Die Leute dösen in der Sonne oder füttern viel zu viele Schwäne. Im Adese-Kaufhaus gibt es endlich wieder die roten Bohnen von Efeferet.

Thomas P. informiert mich, daß *UC* im April auf der SWR-Bestenliste sein wird, nur auf Platz acht, egal, für Verkäufe völlig unerheblich, jedoch legen manche Leute noch wert darauf. Das vierte meiner Bücher, dem diese zweifelhafte Ehre zuteil wird.

Abends kommt Su zum Fernsehgucken bzw. Feiern. Heute kennen wir uns genau zwei Jahre.
Ein Schock, als vom Bildschirm die siebenundachtzigjährige, von mir längst tot geglaubte Olivia de Havilland lächelt, ein Gesicht vom Winde verweht, ein Gesicht aus der Filmgeschichte, aus Hollywoodwalhall.

Danach: *Sex, Lies & Video.* Film, der wichtig war, aber immer noch gut ist. Warum hat es da nie eine Theaterfassung gegeben? Ist doch ein puristisches Kammerspiel. Muß nachsehen.

Auf der Buchmesse Leipzig sah ich einen Stand im hintersten Eck, mit Büchern einer mir unbekannten, unbenambaren Sprache, davor ein mir unbekannter, unbenambarer Mann. Er saß da, las in seinen rätselhaften Büchern über Stunden, kein Besucher kam an seinen Stand, er saß da, alleine, und die Sprache jener Bücher wurde mir bekannt wie dieser Mann, ich wurde er, und ging doch auch nicht zu ihm hin, wir blieben beide ganz allein, mit unseren unbekannten, unbenambaren Büchern, wir teilten unsre Traurigkeit, füllten unsre Gläser halbvoll und stießen miteinander an. Mag er davon auch nichts mitbekommen haben, ich habe für zwei gefeiert.

Nico: I'll be your mirror.
Placebo: I'll be your liquor.

25. 3.

Dienstag. Er.Salz.Heim.Liebling.

Morgens, wenn eine sackschlappe Liderschwere unabgestützt über die Augäpfel schwappt, das Zungenknäuel sich in die hinterste Rachenhöhle zurückgezogen hat, vertrocknet, und dünnes Licht als biblische Strafe durch jede Jalousienritze quillt. Im Nacken hocken, dicht aneinandergedrängt, erwerbslose Saufzwerge und frieren. Ihr Zähneklappern am Ohr, wanke ich ins Bad. Der Schönste im Land, sagt der Spiegel, sei ich eh nie gewesen, dennoch: ich solle ihn nicht so anstarren, davon werde er blind.

Das Letzte sein, was meinem Spiegel zu sehen vergönnt ist, möchte ich nicht. Er war einst ein gewissenlos begeisterter, dankbarer Spiegel, der das Glas von mir nicht voll bekam. Jetzt sei eben alles anders, sagt er, immer ist alles anders als früher, Naturgesetz. Kurz, er will meinen Anblick nicht mehr dulden, ihm könnten, bei sparsamer Verwendung, noch etliche zighundert Jahre vergönnt sein; warum soll er, fragt er, seine Jugend mit etwas wie mir belasten?

Wohl wahr. Ich sehe das ein. Aber schade ist das schon, oder? Freilich sei das schade, sagt der Spiegel, zum Wehmütig-Rumsülzen könne ich in die Kirche gehen, nach Sanssouci, oder sonstwohin, wo bunter Pfeffer wächst und Milch und Honig fließen. Mein Badezimmerspiegel neigt neuerdings zum Strengsein.

Im Treppenhaus spielen Kinder Lärmball. Sie stürmen dabei vom vierten Stock ins Erdgeschoß und treten einen Ball gegen möglichst viele Wohnungstüren. Mir fällt dabei der schöne in Deutschland verbotene Film *Deathrace 2000* ein, bei dem die Teilnehmer eines Autorennens quer durch Amerika rasen und für jedes überfahrene Kind einen Extra-PunkteBonus bekommen. Prompt hält der Tag seine erste Idee bereit. Diktaphon läuft.
Ganz neues Modell:

Leute, die Kinder kriegen, müssen Kindergeld blechen. Davon werden die Renten bezahlt.
Die Leute würden weniger Kinder kriegen. Mehr Rentner würden verhungern.
Allen geholfen.
Super.

So ungefähr klingen die meisten meiner Tagesanfangsideen. Erst im Abstand einiger Stunden nehmen sie satirischen Charakter an. Aber eher widerwillig.

Später am Morgen, wenn ich meine kleine Stadtwohnung verlasse, spreize ich die Flügel, stoße mich von der letzten Treppenstufe ab und segle über das Netzwerk der Straßen, um zum Beispiel im Karstadt irgendetwas zu kaufen. Ich weiß, daß ich in einem Erkerzimmer hocken müßte, über der Lektüre angegilbter Schriften, um noch viel intertextuellere Texte für immer weniger Leser zu schreiben, aber ich fliege lieber einkaufen. Zu Fuß und mit U-Bahn wäre ich schneller. Die Flügel spreize ich einmal täglich, damit sie nicht zusammenwachsen, darüberhinaus, um meinen zweiundachtzig Jahre alten polnischen Hausmeister zu beeindrucken. Er freut sich wirklich jedesmal daran, lacht und klatscht, vermutlich leidet er an Alzheimer. Nein, tut er nicht, ein bißchen vergeßlich ist er wohl, ansonsten die gute Seele im Karrée. Sollte er doch unter Alzheimer leiden, wäre er gewiß mein Lieblingsalzheimer, erstens, weil mir sonst keiner persönlich bekannt ist, zweitens, weil mir das Wort gefällt, wenngleich es leicht despektierlich nach Barneygeröll- und Pappenheimer klingt. Seisdrum. Weswegen sollte man Alzheimer*patient* sagen, wenn man Patient weglassen kann? Ist ja kein Ehrentitel, oder? Hinzu kommt: Wörter, die vollständig in kleinere Wörter zerlegbar sind, haben so was an sich. *Er. Salz. Heim. Liebling.* Bilden Sie daraus einen Begriff. Das hat so was an sich, aus dem sich rein gar nichts Gescheites machen läßt. Das weiß ich, und dennoch schreibe ich es in mein Notizbuch, wo es für viele Jahre, gar Jahrzehnte unbenutzt herumstehen dürfte. Wenn ich Glück habe, gibt es einmal einen Studenten,

der in meinem Notizbuch forschen und an ihm verzweifeln wird.
Er. Salz. Heim. Liebling.
Was hat er sich da bloß gedacht, wird der Student sich da denken.
Vielleicht der Plot einer religiösen Kurzgeschichte: Gott bietet dem auf dem toten Meer umherirrenden Jesus an, heimzukehren, bevor der ganze Prüfungsstreß beginnt, er sei doch sein Liebling, sein einziger Sohn. (Der einzige? Woher weiß man das denn? Ach so, weil es nicht geschrieben steht.)
Oder eine profane Beziehungstragödie: Er hat sich bei der Nachbarin Salz geliehen und dabei sein wahres Zuhause entdeckt, das immer nur eine Wohnungstür und zwei Lärmballspieler entfernt lag, während die verlassene Sie um ihren Liebling weint. Naja.
Der arme Student.
Darf es denn wahr sein, daß ich Mitleid empfinde mit einem Studenten, den es noch nicht gibt, den es höchstens geben wird, wenn ich viel Glück habe, mich also freuen müßte? Eine recht widersinnige Situation, die man noch nicht mal wem erzählen darf, sonst heißt es gleich: *Ja, deine Sorgen möchte ich haben.*
Fast jeder möchte meine Sorgen haben, ob er dazu befähigt ist oder nicht. Uns sogenannten Wolkenkuckucksheimern neidet man einfach alles. Eine momentan arbeitslose Freundin nennt mich häufig ihren Wolkenkuckuck. Aus ihrem Mund klingt das niedlich, deshalb erhebe ich keinen Einspruch. Dabei sind nur einige meiner Sorgen verschroben. Es gibt andere, die, wenn ich sie verschenken möchte, wohl ähnlich beliebt wären wie Wolkenkuckucksüberraschungseier in Nestern ausnahmsweise nicht völlig tumber Teichrohrsängerweibchen. Darf man in dem Zusammenhang von Teichrohrsänger*innen* sprechen? Oder müßte präziser von Teichrohrsänger*müttern* die Rede sein?
Meine Sorgen möchtest du haben? Dann, ohnehin momentan arbeitslose Freundin, trag doch mal den Müll runter.

Im Karstadt kennt mich die Kassiererin, bei der ich Zeitung und Zigaretten kaufe, bei der ich alle fünf Wochen den Fünfwochenlottoschein löse, persönlich. Ich weiß nicht, woher. Sie spricht mich stets dann mit meinem Namen an, wenn ein frisches Buch von mir im Handel ist, oder wenn ich, was selten geschieht, in einem großen Magazin ein Interview gegeben habe.

Ach, guten Morgen, Herr K.!

Dann dieser Blick, leicht zwinkernd, zustimmend, verschwörerisch.

Ich gebe selten Interviews in großen Magazinen, aus Prinzip. Alle drei Jahre, das ist okay, öfter nicht. Nun ist es zum Glück so, daß große Magazine mich gerade mal alle vier bis fünf Jahre um ein Interview bitten, von daher bleibt mein Prinzip ähnlich strikt gewahrt wie der Keuschheitsschwur einer leprakranken Totenbettgerontin. Die Magazine und ich – alle sind wir zufrieden. Naja.

Lieber wäre mir allerdings, ich hätte nicht soviele Profilneurosen, weniger Zukunftsangst, bekäme jeden Tag Interviewanfragen, *Er! Liebling! Salz! Heim!* und ich könnte täglich aufs Neue ablehnen. Wäre dem so, würde ich winseln und klagen und meiner Entourage in den wunden Ohren liegen: *den ganzen Tag verplempere ich mit immer weniger höflich zu nennenden Absagen an die großen Magazine und ziehe mir einen schwierigen Ruf zu.*

Aber weil alles wunderbar ist, wie es ist, ist es nicht zufriedenstellend. Die Karstadtkassiererin läßt mich jedenfalls deutlich spüren, wann ich für sie einen Namen habe und wann nicht. Einmal habe ich gehört, wie in der U-Bahn jemand hinter mir sagte: «*Das ist der Typ, der wo das Buch zu dem Film geschrieben hat, wo die nackte Frau auf dem Plakat den Pudel zwischen den Beinen hat, mit Til Schweiger.*»

»*Ach, DER ist das?*«

Wenn ich aktuell keinen Namen habe, läßt die Karstadtkassiererin es mich wissen, sieht mich leicht enttäuscht an, tut geradezu, als würde sie mich nicht kennen. Ohne einen Ton zu sagen, sagt sie mir zwischen die Augen: *Sie haben ja mal einen Namen gehabt, und jetzt – jetzt kaufen Sie Ihre Zeitung bei mir, als wär da nichts gewesen, wo ich doch so viel Hoffnung in Sie gesetzt hab, damals, als Sie einen Namen hatten und damit umherspaziert sind, so, als ob Sie jeder kennen müßte. Und ich – ich habe Sie gekannt und hab dazu auch gestanden. Vor Kollegen und Verwandten. Den kenne ich, der kauft immer bei mir seine Zeitung. Genau. Wie ist es mir gedankt worden? Na Schwamm drüber, nehmen Sie Ihre Zeitung, Abmarsch, und tun sie nicht so, als wären Sie noch wer, der Nächste bitte.*

Ich vermute, daß man mich narzißtisch und paranoid nennen wird, aber genau so, oder entfernt ähnlich, funktioniert das Gehirn dieser Karstadtverkäuferin, die vermutlich dieses oder jenes Interview in größeren Magazinen, nie aber ein Buch von mir gelesen hat.

Ich würde ihr gerne eines schenken. Aber da hätte ich Angst, daß sie zur Kollegin oder Verwandten ihres Vertrauens rennt und raunt: «*Sieh dir das an! SIEH dir das an! Jetzt verschenkt der seine Bücher, damit sie noch wer liest. Und dafür hab ich eben sogar noch DANKE sagen müssen!*»

Meine Sorgen möchte ich haben, dennoch würde ich dieser Dame gerne mitteilen, daß es mich freut, wenn sie mich mit Namen anspricht, auch wenn es mir völlig egal sein kann, was sie über mich denkt. Immerhin denkt eine mir Fremde über mich nach. Derlei geistige Aktivität rührt mich bis tief ins Knochenmark, wo das Rühren langsam in ein Bohren und Wühlen übergeht.

Jemand mußte Josef K. verleumdet haben, heißt es bei Franz K. in dessen Roman *Der Prozeß*. Wie Franz K. ausgerechnet auf Josef kam? Im kakanischen Kaiserreich fiel das vermutlich leichter als heute, wo die Kombination Franz-Josef einem höchstens noch am Münchner Flughafen begegnet. Österreich-Ungarn als Kombi-nation. Um Himmels Willen. Niedergehender Ideenschauer diverser nichtsnutziger Niedrigideen. Man muß sich die Frisur von derlei Assoziationsscheiß freischaufeln. Freizeit feiern.

Der Nachmittag eines Tunichtguts besteht in der Hauptsache darin, nichts Gutes zu tun und Spaß dabei zu haben. Dem Nachmittag einer Tiefkühlpizza klar vorzuziehen. Aber jede Tiefkühlpizza hat ihren apotheotischen Moment, ihren jüngsten Tag, an dem sie gleichsam das Fegefeuer durchquert und aufersteht, an dem sie zur Rechenschaft gezogen, erhitzt und verspeist wird. Selbst wenn sie nicht verspeist, stattdessen wegen Haltbarkeitsübertretung oder Geschmacklosigkeit im Abfall entsorgt werden sollte, bekommt sie ihren finalen Richterspruch, meinetwegen auch einen deprimierenden. Wen scheren die Gefühle einer Tiefkühlpizza?

Kaum schreibe ich dies nieder, wird mir mulmig. Das Rhetorische meiner Frage sinkt gegen Null. Bestimmt gibt es auch hierzulande Menschen, die sich bei ihrem Essen entschuldigen. Also schön – in deren Gebete eingeschlossen, mögen alle zu Unrecht verworfenen Tiefkühlgerichte Frieden finden. Ich bin dafür.

Der Tunichtgut, um zu ihm zurückzukehren, will sich mit diversen Sinnlosigkeiten gerade so erwärmen, daß er dem inneren Frost einen Kurzzeitfrühling vortäuschen kann. Er will, sanft von mauem Spaß in die Nacht getragen, die unerträglichen Längen eines zwanglosen Tages vermeiden. Den Schlaf nicht gerechnet, besteht der Tag eines Tunichtguts immer noch aus drei Wagneropern ohne Musik. Da steht man leicht wo rum. Die Musik kann man selber zubereiten. Liest Zeitung dazu, ißt die Tiefkühlpizza, entscheidet sich nach langem inneren Disput dafür, den Müll doch nicht hinunterzutragen. Bleiben nur noch zweieinhalb Wagneropern. Nebenbei finde ich es verwerflich bis unverschämt, daß manche Menschen den Begriff *Wagneroper* als Synonym für überzogene Länge gebrauchen. Schließlich hat der Meister aus Dresden seine Opern genau so lang konzipiert, damit ein Drittel des öden Tages abgetötet wird. Von Herzen dankbar sollte man ihm dafür sein. Früher hatten die Tage nämlich noch 27 Stunden und Symphoniekonzerte dauerten vier davon, darunter hätte das Publikum gemeutert und sich für dumm verkauft gewähnt. Heute können die Wilden nicht wenig Kunst genug bekommen. Traurig ist das. Beschämend. Die Ochlokratie der hämorrhoiden Inkontinenten, mit einem geistigen Fassungsvolumen, das jenes ihrer Blasen noch weit unterschreitet. Aber bitte, ich bin Tunichtgut, kein Kulturpessimist. Es gibt zum Beispiel *Bonaqua*, das von der Werbung sogenannte *24-Stunden-Wasser*. Das nenne ich unverfroren bis radikal ehrlich. Darin könnte man einen ersten Gegentrend zu vielem erkennen. Wenn man möchte.

Im Gegensatz zu vielen Zwangstunichtguten handle ich bewußt und beschränke den Zeitraum meiner Nichtguttaten auf den Nachmittag. Wozu? Vielleicht, weil ich ein immerfaules Kind gewesen bin, das mit dem Verplempern einiger Stunden seine preußische Erziehung verhöhnen, sie sich aus den Knochen schaben möchte? Das wäre kleingeistig und rachsüchtig, ein viel zu großer Tribut ex negativo. Es ist auch nicht so, daß ich Volk& Umwelt die Möglichkeit geben möchte, mit mir in *befruchtenden Zufallskontakt* zu treten. Igitt. Die Wahrheit ist ein toter Hund, der anderswo begraben liegt.

Ich kann es mir leisten, müde zu sein und gehe abends selten aus. Zwischen Zweiundzwanzig Uhr und Mitternacht sitze ich meistens am Schreibtisch, und obwohl ich das nicht als Arbeit bezeichnen möchte, würde ich gerne die Stunden davor als Müßiggang verstanden wissen. Ich rede mir ein, daß Mußestunden etwas Tolles sein müssen, nur weil sie, als ich Kind war, mal das Allertollste waren. Die Stunden mit Muße zu füllen ist Schwerstarbeit, ich bin vielleicht nicht der allerbeste Tunichtgut, gebe mir aber Mühe. Wenn schönes Wetter draußen wartet, wie ein Haustier, das Gassi geführt werden möchte, ist Zeitverplempern kein Problem. Ich schwinge mich aufs Fahrrad und sehe drittklassigen Boulespielern zu, unterhalte mich mit Alkoholikern, Postboten im Privatstreik, eloquenten Rentnerinnen und anderen Wagnerzulangfindern. Mit hübschen Frauen mich zu unterhalten, würde ich insgeheim sinnvoller Arbeit zurechnen, daher unterlasse ich das. Fahre mit dem Rad durch die Stadt, immer gibt es irgendwo Schaufenster, mit Dingen darin, deren Notwendigkeit, von mir besessen zu werden, vorher noch erschreckend unklar gewesen ist. Im Sommer, when the livin' is easy und so, da geht die Zeit rum, beinahe ohne Tunichtgut-Zutun, das regelt sich von selbst. Und wenn es schneit oder regnet, kalt oder grau ist? Dann ist das livin' not so easy, das Tunichtguttun fällt in die Kategorie der Zumutungen und Exerzitien.

Zerquält, von dramaturgischen Prämissen beladen, erscheint mir dann mein Handeln oft.

Ich sitze zum Beispiel am Bahnhof, dem Knotenpunkt der Stadt, weil dort die vielen Züge da und dorthin undsoweiter, und warte, daß etwas geschieht, was mich amüsieren könnte. Ich sitze wie ein Angler vor einer sehr großen Pfütze, die sehr schön schillert. Zur Not kann man sich im Bahnhofsdunstkreis Amüsantes kaufen, dieser oder jener Art, aber gekauft hab ich heute ja schon. Jetzt will ich umsonst.

Für umsonst bekommt man meist nicht viel. Man muß schwer obachtgeben und Geduld aufbringen. Heute nicht. Heute habe ich seltenes Glück.

Eine Frau, etwa dreißig, gepflegt, gutaussehend, mit zwei Koffern, steht auf dem Bahnsteig vor dem Getränkeautomaten, wirft eine Zwei-Euro-Münze ein, zieht sich eine Dose Apfelschorle, wartet darauf, daß der Automat ihr einen Euro zurückgibt. Tut der aber nicht. Der bitterböse Automat. Ich sehe jener Dame zu. Man wird mich für leicht schwabbeldiwauwau bis schwer schubiduhuhu halten, aber ich glaube, ihrem Gesicht alle Gehirnmanöver ansehen und wortgetreu ablesen zu können. Synchronisation einschalten, Band ab:

«Ich könnte ja noch eine Dose Apfelschorle ziehen, aber dann habe ich zwei Dosen, soviel trinke ich nicht, dann müßte ich die ganze Zeit die schwere Dose mit rumschleppen, die meine kleine Handtasche ausbeult, und zu kalt ist die Dose, um sie in der Jackentasche zu tragen, aber ich kann mich doch nicht so türken lassen, warum gibt der Automat kein Restgeld heraus, das ist Betrug, ich möchte am liebsten die schon gezogene Dose wieder hineinschieben und mein 2-Euro-Stück zurückhaben, so wütend macht mich das. Ich könnte freilich die zweite Dose ziehen und hier auf den Boden stellen, damit jemand etwas davon hat, aber wer hebt eine Dose vom Boden auf? Ich möchte keine Menschen unterstützen, die Lebensmittel vom Boden aufheben. Ich könnte sie den Umstehenden anbieten, aber das ist mir peinlich, wer bin ich denn, daß ich Dosen feilhalte? Mein Kontoguthaben auf diesem Automaten beträgt aber noch einen Euro, wenn ich einfach weggehe, dann wird jemand schon was dafür bekommen. Hinter mir steht ja schon einer, nein, mit dem möchte ich jetzt kein Gespräch anfangen, das ist ein komischer Punk. Ich gehe einfach weg. Aber der Punk wird womöglich denken, die blöde reiche Kuh hat sich von einem Automaten übers Ohr hauen lassen, das wäre mir peinlich. Oder der Punk sprintet mir nach und sagt, Frau, Sie haben da noch n Euro Guthaben, dann sag ich, ist schon okay, dann sagt er: Na, Sie müssens ja haben. Oder schlimmer, er sagt: Na, du mußt es ja haben, oder er sagt den Umstehenden: Na, die muß es ja haben.

Was mach ich bloß?«

Von wegen schwabbeldiwauwau. All das scheint sich im Kopf der Dame abgespielt zu haben. Man nenne mich einen Phantasten, aber: Wie ist die Motivation ihrer Handlungsweise anders zu verstehen, wenn sie sich eine zweite Dose Apfelschorle zieht, sich vom Automaten ein paar Schritte entfernt, sich nach allen Seiten umguckt, um dann die zweite Dose diskret in den Abfalleimer fallen zu lassen?

Hm? Na?

Mancher Leute Alltag ist relativ kompliziert und mit Problemen unvorhersehbarer Natur gesäumt. Die Apfelschorlenbeseitigungsdame glaubte, für diesmal eine diskret-elegante Lösung gefunden zu haben. Nur mit mir hat sie nicht gerechnet. Ich hab mir ihre Adresse gemerkt, die auf dem Schild eines der beiden Koffer zu lesen war, mit denen sie den Zug zum Flughafen bestieg. Ich werde ihr, schon aus Dankbarkeit, diesen Text senden.

Im Wesentlichen wars das. Meine Sorgen möchten Sie haben? Kriegen Sie aber nicht. Mein Tagwerk ist getan. Ich gehe heim, öffne eine Flasche *Headcleaner* und schreibe die Beute des Tages auf, zupfe das bunte Gewölle in Form, übertreibe ein bißchen, dichte mir Flügel an und morgen verscherbel ichs an ein großes Magazin. So einfach. Meine momentan arbeitslose Freundin würde sagen: Sonem Wolkenkuckuck wird eben alles abgekauft, soll er mal bloß nicht übermütig werden! Werd ich nicht. Trag du den Abfall runter, ich öffne den Schampus derweil. (Einmal Abfall runtertragen kostet eine Flasche Schampus, zur Zeit ist eben alles teuer.)

Letztes Jahr folgende Formulierung in den Nachrichten: Zwei Tage nach seinem Selbstmordversuch ist der ehemalige jugoslawische Innenminister gestorben. ALSO WAR DER VERSUCH ERFOLGREICH UND KEIN VERSUCH. Aber: Zwei Tage nach seinem Selbstmord starb er, kann man noch weniger sagen. Wie drückt man den Sachverhalt korrekt aus?

Nach zwei Tagen ist X. den Verletzungen, die er sich zugefügt hat, erlegen. Naja.

X. beging Selbstmord und starb nach zweitägigem Todeskampf. Hmhm.

So richtig überzeugt mich nichts.

Nichtmal *Placebo*: solide neue CD, aber nicht herausragend, nein.

26. 3.

Beatrice berichtet am Telefon von einem Fanbrief, der vier Postkarten und zwei Mozartschokotaler enthält. Ich will aber nichts essen, was Unbekannte mir schicken, so nett es gemeint ist. Paranoid? Vielleicht. Bea redet von meiner verrückten Phantasie, ich entgegne, daß genau diese uns ernährt.

∞

Flug verlief problemfrei, auf der S-Bahnfahrt sah ich neben dem Zug einen Hasen rennen, was zu den besten Omen zählt. Zuhause arbeite ich die Post ab. Noch mehr Interviewwünsche. Und viele freundliche Leserkommentare zu *UC*.
Ein wenig im neuen Buch von Kehlmann gelesen. Guter Eindruck. Wir haben uns auf der Messe gegenseitig unsre Bücher geschenkt und signiert. Ich frage mich, was so ein Paar von gegenseitig gewidmeten Büchern mit demselben Datum einem Antiquar wert wäre. Kenne kein Exempel. Gäbe vieles auszuprobieren, hätte man Zeit dazu. Der Spaß, den man aus dem Alltag beziehen könnte, durch ein paar kleine Experimente.

Abends in meiner Dachstube – wie muffig und staubig. Sicher milbenverseucht, man müßte das ganze Zimmer mal leerräumen und ausmisten, aber wo anfangen? Ein Augiasstall. Soviel Dreck, soviele Devotionalien der eigenen Vergangenheit. Einfacher wärs, umzuziehen.

Dinge im Zimmer:

Die halbe Erkennungsmarke eines mir unbekannten Soldaten, gefunden in Ost-Berliner Hausmüll des Jahres 1992. Anhand der Nummer könnte ich den Namen des Toten erfahren. Ich habe nie gefragt.

Siebzehn Jahre alte Marzipanschweine, verstaubt und verfärbt, längst nicht mehr genießbar. Ein Geschenk von Beatrice, ohne besonderen Anlaß. Ich wollte die beiden Tiere damals nicht einfach profan aufessen. Sie jetzt, wo sie verformt sind und häßlich, wegzuwerfen, brächte selbstverständlich Unglück. Ich werde sie wohl bis an mein Lebensende behalten.

Ein gerahmtes Foto der Sängerin Gwyneth Jones als Marschallin, mit herzlicher Widmung.
　Ich war verliebt in ihre Stimme von 1982 bis 1988, bis diese geliebte Stimme kippte und nurmehr kultiviertes Schreien war. Aber davor warf ich ihr oft Blumen zu, einmal sogar zehn Sträuße, bis heute Platzrekord in der Münchner Oper. Es waren allesamt billige Moosröschen, aber ich war bitterarm, und die Geste zählt.

Eine Bleistiftzeichnung, gemalt von Beatrice zum 11. 7. 87. Das Blatt zeigt King Kong, er trägt einen Geburtstagsstrauß gepflückter Türme – Big Ben, Tour Eiffel und den schiefen von Pisa.

Ein rostiges Gartengerät, wohl eine Art Setzeisen, in der (wohl unbeabsichtigten) Form eines Männlichkeitssymbols (Kreis mit herausragendem Pfeil).
　Wurde von mir entwedet aus dem Garten der Stauffenbergs bei meinem ersten und einzigen Besuch in Wilflingen.

Ein dreiarmiger Kerzenhalter aus Silber, mit drei roten Stummeln diverser Länge. Aus der Zeit, da wir die Nacht noch mit Kerzenlicht und Gedichten erhellten.

Im Kühlschrank – zwei Geschenke. 0,2 Liter-Fläschen Asbach-Uralt. Das eine stammt von meinem 19., das andere von meinem 24. Geburtstag. Im viel zu feuchten, weil fast nie abgetauten Kühlschrank lösten sich bald die Etiketten ab, nun weiß ich nicht, welches Fläschchen welches ist. Was es mir unmöglich macht, eines der beiden zu öffnen.

Meinen neunzehnten Geburtstag im Garten der Frau Bertram, als wir Tristan hörten und Stachelbeeren pflückten, als ich ein Mädchen küßte, deren linke Brust halb so groß war wie die rechte, als mein Lateinlehrer mir einen Büchergutschein über DM 100 schenkte, den ich bei der Buchhandlung erfolgreich in Bargeld umtauschen konnte, dieses Fest vergesse ich nie.

Ein blauer runder Keramikaschenbecher voll zerlaufenem roten Kerzenwachs. Folge eines Lichtes, das ich vor dem In-Schlaf-Sinken zu löschen vergaß. Im Wachs erstarrt liegen eine Faschingszigarette, (die per feuerfarbener Stanniolspitze Glut vortäuscht), ein Stück nicht zerschmolzenes Siegelwachs, ein Röllchen Tesafilm und ein Tipp-Ex-Blättchen. Stilleben, das gewollt aussieht, es aber nicht war. Das Tipp-Ex stammt noch von meiner ersten Schreibmaschine, die ich zur Konfirmation bekam. Das Stückchen Siegelwachs entstammt der Hinterlassenschaft meiner Tante Kunigunde, deren Tod in *Fette Welt* erwähnt ist.

Und tausend andere Dinge.
Ein gottverdammtes Museum. Es gab eine Zeit, als ich viel weggeschmissen habe, was ich nun bereue. Irgendwann ist man alt und um jede Eselsbrücke in die Vergangenheit froh.
Meine Vergangenheit ist so prachtvoll. Jede Vergangenheit ist prachtvoll. Allein der Umstand, vergangen zu sein, schenkt jeder Zeit ein Kleid mit Purpurschleppe, egal, was sie enthält. Geheiligt sei, was vorbei ist, überschaubar.

Spät nachts. Ich sortiere meine Aufnahmen mit Yuri Ahronovitch.
Yuri Ahronovitch war einer meiner Lieblingsdirigenten.
Er hat nie darauf hingearbeitet, ein Star, ein Gott im Frack zu werden, sich mit dem Mantel des Erhabenen zu schmücken, auf Bedeutung zu zielen. Sein Repertoire war das Leichte, das fälschlich als zu leicht Verachtete, Tschaikowski, Dvorak, Puccini – ich erinnere mich an eine

Aufführung von Tschaikowskis oft soft-blümelig vorgetragener fünfter Symphonie, die mich so sehr mitnahm, daß ich nach dem Schlußakkord weiter von mir weg war als bei manch gelungen inszenierter Wagner-Oper. Ahronovitch, der nach Günter Wand das Gürzenich-Orchester Köln übernahm und durchaus erzog, im besten Sinn, reiste in seinen letzten Lebensjahren von Festival zu Festival, Einspringer par Excellence, betrieb den Beruf des Dirigenten ohne numinose Zutat als gewissenhaften Beruf, ohne jemals zum Kapellmeister zu degenerieren. Er galt stets als Freund seiner Orchestermusiker, jegliche genialisch-herrische Geste war ihm fremd. Und die Verve dessen, was dabei herauskam, mußte Nörgler mißtrauisch stimmen, die Großes nur im Dreiklang mit Schweiß und Tränen anerkennen wollen. In unserer Zeit, in der Gernegroßstädte wie München damit prahlen, en gros abgehalfterte Dirigiertalente verpflichtet zu haben, war Yuri Ahronovitch ein großer Musiker. Nichts hat mich im letzten Jahr so beschämt wie der Umstand, daß über seinen viel zu frühen Tod kaum etwas in den Feuilletons zu lesen war.

27. 3., Donnerstag

War noch einmal in meinem alten Gymnasium, um die Jahresberichte einzusehen. Enttäuschend. Sie enthalten keine Klassenfotos. Ich entdecke den Namen eines mir sehr unsympathischen Schachspielers, den ich erst mit 28 kennengelernt zu haben glaubte. Der Kerl war zwei Jahre mit mir in derselben Klasse. Die allermeisten Namen aus der Liste sagen mir nichts mehr. Gar nichts. Erschreckend.

Lektüre: Kehlmann. *Ich und Kaminski*. Hervorragend. Klug, witzig, bissig, mit großem Talent für Dialoge, wunderbar komponiert, dabei ganz leicht zu lesen, unbelastet von substanzlosen Tricks.

Die Figur des Sebastian Zöllner ist sehr realistisch und häufig anzutreffen im Kulturbetrieb. Von wegen Satire.

Abends allergische Reaktion auf ich weiß nicht was, stundenlang brennende Lippen und juckende Augwinkel.

Die Autobiographie von Garcia-Marquez: *Leben, um davon zu erzählen*. Hmm. Nur noch im Hinblick auf die literarische Auswertung durchs Leben gehen? Hmmhmmhmmm. *Erzählen, um davon zu leben* klänge weniger weihevoll. Die Wahrheit liegt dazwischen.

Mifune – Tragik in Filmen, die nur entsteht, weil die Beteiligten, obwohl sie Zeit genug hätten, das Maul nicht aufkriegen, nervt. Das ist eine so billige Art, die Handlung voranzutreiben, daß mir an den Figuren jedes Interesse verloren geht. Tragik, fahrlässig selbstverschuldet, ist keine Tragik, sondern allein die Konsequenz der Blödheit. Ich müßte viel öfter verzeihen, vergeben, stattdessen werde ich immer unnachsichtiger mit Figuren. Wenn eine, die keinen echten Grund dazu hat, in die Kamera hinein behauptet, das Leben sei ein Haufen Scheiße, von der man täglich einen Mund voll abbeißen müsse, dann denk ich mir: Ja, dann verreck doch, ist mir scheißegal, woran.

༄

Ein Obersturmbannführer war nur ein mittleres Tier, so vollfett das klingt. Ein Brigadeführer klingt nach wenig, war aber sehr viel mehr.

In einem Revolverblatt las ich einmal die Schlagzeile:
Könnte die Titanic doch noch gerettet werden? (S.8)
Daraufhin kaufte ich das Revolverblatt und las auf Seite Acht die Antwort. (Nein.)
Frechheit siegt.

༄

bitterblütig ist ein schönes wort von heine.
ich bin deprimiert, dann bin ich gelangweilt, dann traurig, dann melancholisch – und melancholie birgt schon das höchste der gefühle. hab alles gesehen, und niemand kann mir helfen. so in etwa.

28. 3., Freitag, Hummeltag

pfschm
o pfschm
k.o.
pfschm
erz
en

escada – casual friday – der einzige herrenduft, den ich mag – wird aus dem programm genommen.

in der x-zeitung wird ein buch von y besprochen. y war schon ein arsch, aber seine frau...
 Immer, wenn man denkt: *wie hält es eine so tolle frau so lange mit einem solchem riesenarsch aus,* muß man davon ausgehen, daß entweder der arsch nicht so riesig oder die frau nicht so toll ist.

Ich bin gar nicht auf Platz 8 der SWR-Liste, sondern auf Platz 6, gemeinsam mit Daniel Kehlmann. Auf Platz 2 Céline, mit der neuen Übersetzung der *Reise*. Macht mich stolz, meinen Namen neben seinem zu sehen, wenn auch in bedeutungslosem Zusammenhang. Es ist irgendein Zusammenhang.
 »Wichtigkeit ist nicht wichtig.« So der weiseste Satz in Kehlmanns Buch.
 Morgen, so höre ich, erscheint der erste Verriss von *UC,* in der FAZ. Anderes hätte mich gewundert, ich rechnete mit viel Gegenwind, und dennoch: Der erste Verriss eines Buches ist immer etwas Unerwartetes, besonders bei diesem Buch. Obwohl man den Betrieb zur Genüge kennt, hält man es bis dahin doch für unmöglich, daß irgendjemand ein solches Buch verreißen könnte.

24°. Langer Spaziergang oberhalb des Germeringer Baggersees. Nicht weit davon entfernt, schon im Wald, stand früher eine Villa. Sie besaß ein quadratisches Schwimmbecken, dessen gemauerte Beckenränder man vor 15 Jahren noch betrachten konnte. Jetzt sind nicht einmal die übrig, nur der noch leidlich quadratische Tümpel weist auf ehemalige Bewohntheit hin, gespenstisch, wunderbar, schilfumrandet, mit Erlen, deren Äste beschwörend über der Wasseroberfläche hängen.

Als wir am Bogenschießstand vorübergehen, erzählt Bea, daß die erste Armbrust auf den Papst so furchterregend wirkte, daß er verfügte, diese Waffe dürfe gegen Christen nicht verwendet werden.
 Passend die Nachricht, daß Talibanpartisanen in Afghanistan einen Bus überfallen haben. Die Muslime ließen sie in Ruhe, einen Schweizer Arzt erschossen sie auf der Stelle. Weil er ein Ungläubiger sei.

Die erste Hummel des Jahres sucht sich neben einem glitzernd klaren Feldbach ihr Nistloch.
 Zum Weinen.

Sandstürme. Der Krieg stockt. Wütende Massen. Schlimme Bilder. Auch ich habe geglaubt, der Krieg würde schnell und sehr einseitig verlaufen. Noch hält sich die Zahl der Toten unter den Zivilisten in Grenzen, rechnet man sie gegen Saddams Opfer auf. Man muß solche Rechnungen aufstellen. Sich darum zu drücken, ist leicht.

Das Schlimmste an der Rezeption zu *UC* wird werden, daß jeder der Geschichte auf den Grund gehen und eine Logik präsentieren will, die dem Geheimnis des Buches nicht entfernt nahekommen kann. Also blasse Simplifikationen. Ist es wirklich Kurthes, der am Ende das Interview gibt? Ja und nein.

rezensionen lesen –
  wie man auf dem flughafen, wenn man noch zeit hat vor dem aufruf, durch die altbekannten geschäfte flaniert, die stets dasselbe anbieten, spirituosen, mode, parfüm, spezialitäten – und man weiß, man wird nichts davon kaufen, aber man sieht lieber die immergleichen Produkte an, als in sich selbst hineinzusehen.

Katholizismus: Wir laden Schuld auf uns und werfen sie mit Gewinn wieder ab.

Wenn ich banalen Menschen zuhöre, höre ich immer auch den Countdown der Zeit, jeder Schlag der Uhr hackt mir ein Loch in den Kopf.

Ganz einfach: das Lebendige vom Toten unterscheiden, und dem Stummen, das lebt, die eigene Stimme leihen.

spät, gegen morgen, im ersten vogelgezwitscher, zwei takte komponiert. und die erste halbe seite einer neuen erzählung geschrieben.

29. 3., Samstag

Walter sendet Zwischenlob über *UC*, ist bei der Hälfte angelangt, findet das Seminar sensationell, das Ganze »einschüchternd« und erzählt, er arbeite seit einem Jahr an einem Plot, der von Kurthes stammen könnte. »Die steinerne Dimension«. Nicht die einzige Ähnlichkeit zwischen unsren Arbeiten: Die Heldin aus *Rumo* heißt Rala, die aus *UC* Ala.

Der Verriss in der FAZ ist derart blöd-schlaumeierisches Geschreibsel.
Ich würde mich in den Roman gestohlen haben, um meinen Figuren mal die Frauen ausspannen zu können. Aha. Auf diesem Niveau. Softpornographische Exkurse? Wie bitte? Der Rezensent mag solche Art von Literatur einfach nicht, das merkt man. Die Handlung versteht er kaum auf der Oberfläche. Urteilt etwas als nicht sonderlich originell ab (das Spiel mit Doppelgängern), das in meinem Roman gar nicht drin ist, das er nur hineininterpretiert. Wo Esoterik im Buch vorkommt, sehr selten, ist sie klar als solche gebrandmarkt. Er schreibt, mein Roman enthalte Esoterik. So ist die FAZ: vergibt ihre Rezensionen immer konträr zu den Vorlieben der Kritiker. Was erreicht man damit? Daß Leute unsicheres Gewäsch über Gattungen schreiben, von denen sie nur gehört haben.
Großartige Kritik im *Standard*, was für Österreich sehr wichtig ist.

Bei Jeschke, Greve&Hauff gibt es ein Exemplar von Nietzsches Antrittsrede in Basel Selbstdruck (1869), Auflage 30 Stück, nicht signiert. Wie hoch setzen die das an? 24.000 Euro.
Van Gogh soll sich gar kein Ohr, sondern nur ein Stück des Ohrläppchens abgeschnitten haben. Das freut mich so sehr.

In der Stadt zur Literaturhandlung Moths, wollte den Foer kaufen, wurde erkannt und gefragt, ob ich meine *UCs* signieren möchte, man habe dann auch einen signierten Foer für mich. Na gut. Die wirklich reizenden Damen gaben mir auch noch 40 % Rabbatt. Also habe ich heute den »Geniestreich« eines Vierundzwanzigjährigen angelesen, bis Seite 120. Und ich war vorher überzeugt, der Roman tauge nichts, nicht nur deshalb, weil er mein direkter Marktkonkurrent ist. Aber im Moment, wo ich das Buch auf den Schoß nahm, beschloß ich, objektiv zu sein und den Zeilen nichts Böses in den Weg zu legen. Und siehe da: Das Buch taugt etwas. Witzig, prall, originell. Aber es ist nervtötend ohne Ende. Unökonomisch, redundant. Das Buch eines Vierundzwanzigjährigen, der seine helle Freude an formalen Spielereien, barocker Fülle, mannigfaltigen Sprachdeformationen hat, auf die man mit 30 spätestens verzichtet, weil man auf das Wesentliche zusteuern muß. Ein Lektor hätte das alles um mindestens ein Drittel eindampfen müssen. Witze mit verrückten Hündinnen. Witze auf der Basis von Verständigungsschwierigkeiten. Situationskomik eines Vegetariers im Fleischfressland. Jüdische Witze, die sich nur ein jüdischer Schriftsteller leisten kann. Soap im schweren Mantel der Holocaust-Literatur. Alles bizarr, skurril, kurios. Das ist einfach. Eine Literatur, die nur aus Tricks besteht, manche sind dreckig, manche witzig, manche nett, aber alles nur gottverdammte Tricks, die einem in diesem Alter zu Hunderten in den Schoß fallen – und das Feuilleton fällt auf die Knie davor. Noch ein Knallstern. Immerhin unterhaltsam. Wilfert hat das Buch für Rowohlt abgelehnt, was sicher ein Fehler war, aber auch nicht sooo verdammungswürdig. Bin gespannt, was aus diesem Autor wird. Unzweifelhaft ein großes Talent, aber mit solch einem überhypten Anfangserfolg wird er es schwer haben.

Ich frage mich oft, ob meine Feinde sich fragen:
Was, wenn er Recht hätte?
Aber die sind viel zu blöd, um solch
eine kluge Frage zu stellen.
Ich hingegen frage mich oft:

Was wenn sie Recht behielten und du nicht?
Aber ich bin viel zu klug, um eine so blöde
Frage zu beantworten.

Frei nach Max Planck: Etwas pflegt sich durchzusetzen, nicht indem dessen Gegner überzeugt werden, sondern indem sie allmählich aussterben.

⁓

Wenn ich ehrlich bin, liegt mir schon was am Ruhm. Nicht am dummen Ruhm, ich will nicht übermäßig reich sein und bekannt und tausend Frauen kriegen und eine Yacht in Monaco und den ganzen Scheiß. Aber ich möchte alt werden, und ich möchte nicht, daß meine Bücher vergessen sind, bevor ich sterbe.

von wegen paranoia. gerade eben habe ich aus glaubwürdiger quelle erfahren, daß die *UC*-kritik in der faz von heute ursprünglich viel länger und sehr positiv gewesen sei.
 und dann umgeschrieben wurde. weswegen sie jetzt auch so wirr und unlogisch sei.
 wer dahinter steckt? kann ich mir denken.

Bist du stutzig von Begriff? (heute in der Menge gehört.)

Man nenne mich mit vollem Recht unreif, wenn ich mich immer noch über den Umstand erregen kann, daß unsere Kultur von Idioten beherrscht wird, die sich aber keineswegs als durchgesetzte Scharlatane begreifen, sondern als menschgewordene, von Gott persönlich gezeugte Sachwalter des höheren Geschmacks. Die Folge ihrer perfiden Empfehlungen ist, daß immer mehr Menschen, abgestoßen, verwirrt, den Mut finden, sich zur eigenen Dummheit zu bekennen und lieber gar nicht zu lesen, weil sie das, was ihnen da empfohlen wird, nicht genießen können. Man muß, auch wenn es unter dem eigenen Niveau geschieht und auf lange Sicht hin gar nicht nötig ist, die Arschlöcher als solche benennen. Muß sich positionieren. Auch wenn man sich Feinde schafft und sein Einkommen mindert.

Wobei man sich doch eigentlich beruhigt zurücklehnen könnte, im Wissen, daß das, was ohnehin fällt, nicht unbedingt auch noch gestoßen werden muß, daß der Sieg einem irgendwann gehören wird. Es gibt nichts, vor dem man soviel Angst haben muß wie vor dem Moment, da man den eigenen Sieg feiern kann.

Zum Beispiel *UC* – das Seminar auf halbe Länge eindampfen, die Sexszenen raus, die Mordszene abmildern und mehr hehres Blabla über Musik – und das Buch wäre ein Bestseller. Weiß ich doch. Man muß sich halt entscheiden.

Saddam hat seinen Luftwaffenchef entlassen. Die Zeichen verdichten sich, daß es fehlgelenkte irakische Raketen waren, die zivile Ziele trafen. Wieder viele Demonstrationen in Deutschland. Einige Menschen wünschen sich laut die Niederlage der Amerikaner. Wie müssen solche Hirne beschaffen sein?

Die Osbournes-Folge, in der Ozzy und Sharon sich nach 20 Jahren Ehe das Eheversprechen neu geben. Sharons Ansprache. Fantastisch. Herzbewegend.

Nachts noch lange an der neuen Erzählung gearbeitet. Verrückt – es gäbe soviel zu tun, dringenderes, bald irreparables. Aber es gefällt mir auch ungemein, gegen jede Ratio zu handeln, hat was Jugendlich-Blödes, Erfrischendes.

30. 3., Sonntag

Heute morgen ist der Bildschirm von Beas PC implodiert. Weißer Rauch, ein paar Funken.

Schöner Beitrag über *UC* in *Lesezeichen-BR*. »Ein grosser Wurf.«

Am Smaragdsee. Der Schrei der Blesshühner. Am anderen Ufer ein Gespräch. Wie weit der leere See die Stimmen trägt.

Als ich vor etwa zehn Jahren über den Münchner Hauptbahnhof ging, sagte mir ein mir nicht bekannter, sichtlich angetrunkener Penner ins Gesicht, daß ich keine Ahnung hätte, von nichts. Ich solle mir bloß nichts einbilden. Damals ging ich an dem Penner vorbei, ohne Antwort, fand jedoch, daß er sehr überzeugend klang. Nicht, daß ich glaubte, Zeus in neuester Verkleidung habe zu mir gesprochen, nein, aber ich fühlte, daß er auf eine gewisse Weise recht hatte, wobei in diesem verzwicktem Universum jeder recht hat, auf eine gewisse Weise. Ich glaube, wenn man es zu etwas bringen will, muß man davon ausgehen, daß man keine Ahnung hat und sich nichts einbilden darf. Das einzige Basislager, von dem aus sich die Berge zu einem herunterbeugen.

Unebenheiten der Metrik, gewisse, bezirzen den Leser –
So, wie die Schönheit der Frau oft durch den Makel gewinnt.

Gegen den neuen Tag ansingen, gleicht der Chuzpe des Marsyas, mit Apoll um die Wette zu flöten. Mit allem, was gedruckt wird, häutet man sich selbst, nicht Schlange genug, dem Körper die verlorenen Worte zu ersetzen. Am Ende stanzt man sich Buchstaben aus dem Fleisch wie ein Kind Sterne aus dem ausgewalzten Plätzchenteig. Ritzt sich letzte Sentenzen in die freigelegten Knochen. Das will ich mir ersparen.

Abends nochmal gesehen: *Minority-Report*. Die bis auf die Pre-Cogs bislang überzeugendste Zukunftsvision für mich. So ungefähr wird das sein. Gar nicht übel. Die Zeitung als Flüssigkristallblättchen, auf das neue Artikel gesendet werden, ja, so habe ich mir das vor zehn Jahren vorgestellt. Werbung, die dich an deiner Retina erkennt und persönlich anspricht. Enervierend, doch tolerierbar. 3D-Filme fürs Archiv der Erinnerungen. Kommt sicher bald. Warum gibt es eigentlich noch kein künstliches Blut? Kann doch nicht so schwer sein.

Interessante Frage: Fast jeder gäbe sicher zehn Tage seines Erdendaseins dafür her, alle 20 Jahre für einen Tag lang aufzuerstehen und die Entwicklung der Menschheit zu begutachten, damit bliebe man 200 Jahre lang auf dem Laufenden.

Wieviele Tage seines Erdendaseins gäbe man her, um noch länger auf dem Laufenden zu bleiben? Irgendwann wäre doch einmal Schluß, auf lange Sicht bliebe die Neugier unbefriedigt.

Nein, wenn es Gott gäbe, müßte man ihm Beifall spenden, es ist alles sehr gut so. Würden die Menschen anders denken, gäbe es Götter erst gar nicht. Glaube entsteht aus Beifall.

Menschen sind leicht zufriedenzustellen. Überhaupt zu leben genügt zumeist schon. Irgendwie, irgendwo.

Auf der Achtziger-Jahre-Kennenlernparty ging eine Liste herum,
um Übereinstimmungen zwischen
anwesenden Personen schnell&grob festzustellen.

Da stand (ankreuzen bitte):

Fisch oder Fleisch?
Kaffee oder Tee?
F.C. Bayern oder TSV 1860?
Donald oder Mickey?
Duschen oder Baden?

Dallas oder Denver-Clan?
Weißbrot oder Schwarzbrot?
Coca oder Pepsi?
Reis oder Nudeln?
Beatles oder Stones?
McDonalds oder Burger King?
Ex- oder Impressionisten?
Berge oder Meer?
Bier oder Wein?
Tischkerzen oder Lagerfeuer?
Popcorn oder Chips?
Hunde oder Katzen?
Geha oder Pelikan?
Nesquick oder Kaba?
Oper oder Musical?
Tauchen oder Klettern?
Hollywood oder Autorenfilm?
Agatha Christie oder Chandler?
Noch manches mehr.
Egal.

Ich setzte darunter:
Kain oder Abel?

Die Frage aller Fragen. Die einzige.
Lieber tot und schuldlos sein? Oder leben,
auf Teufel komm raus? Eine Frau
hat mir das an jenem Abend nicht eingebracht,
was ich gnadenlos ungerecht fand.
Und – nebenbei – immer noch finde.

༺༻

Die deutsche Kriegsberichterstattung ist, verglichen mit Al Dschasira und CNN, nicht mehr einfach nur kritisch, sie ist pessimistisch und defätistisch, legt praktisch alles gegen die USA aus, was als Nachricht nur irgendwie diffus ist. Natürlich werden Streubomben eingesetzt, natürlich jubeln die Iraker noch nicht, ohne Wasser und Strom, oft noch mit Saddams Schergen im Nacken. Natürlich geht es auch um Öl. Warum denn nicht?

Ich glaube, der Krieg wird bald vorbei sein, die Zahl der Toten überschaubar, die Welt um einiges ruhiger. Und die öffentliche Meinung wird sich schnell umentscheiden. Was sich hier in den letzten Wochen an brutalem Antiamerikanismus manifestiert hat, war zum Fürchten.

31. 3. Montag

ich muß mir sofort einen runterholen, möchtest du zusehen? wenn du mir zusiehst, kommt es mir schneller. zeigst du mir deine möse, kommt es mir ganz schnell.
das mädchen: wenn du willst, kannst du in meinen mund abspritzen, es wär mir eine große ehre. ich leck dir auch die eier, sauge deinen schwanz tief ein und liebkose dein arschloch.

Ja, *das* war ein guter Traum. Leider nicht in diesem Monat. Stattdessen: Ich träumte, daß ich bei Aldi an der Kasse stehe, und die fette Türkin sieht mich schräg an, weil ich ungarische Forint vor sie hinlege, um für den Räuchermatjes zu bezahlen. Sie sagt: Das sind Forint. Ich: Der Matjes kommt sicher aus Polen. Sie: Ich bin Türkin, nicht Polin. Ich: Das habe ich nicht bestritten. Sie: Das wär ja noch schöner. Ich: Man muß das anders sehen. Sie: Wie denn?

Ich: Weiß ich nicht.   Eine hundertellenlange Schlange hinter mir: *Arschloch, Euro, Arschloch, Euro!* Ich: Das sind doch soviel mehr Forint als Matjes. Gnade, bitte!   Die Schlange: *Kreuzigt ihn, kreuzigt ihn!*

Ich rette mich vor dem Zugriff des erzürnten Pöbels durch schnelles Erwachen und starre ratlos an die Decke.

musikmatineè: verdi-streichquartett, das mich überrascht, und ligetis klavierkonzert, von dem man satz vier und fünf von mir aus streichen könnte. vorher: umwerfend.

endlich den neuen moers begonnen. stark wie immer, obwohl der verdacht nahe lag, daß das zamonien-personal überreizt, zweitverwertet sein könnte. dabei ist es völlig in ordnung, wenn ein künstler seinen selbsterschaffenen kosmos noch bereichert. das macht solchen spaß. und die zeichnungen! fantastisch. der wunsch, mein publikum ähnlich unterhalten zu können. die liebe, die er bekommt, wo mir allerhöchstens respekt gegönnt wird.

❦

Die neue Céline-Übersetzung der *Reise* mag ja ihre volle Berechtigung haben, aber schade ist es schon, daß manche Wendungen, die mich stark geprägt haben, nun zum Aussterben verdammt sind. Der berühmte Schluß: *...damit niemand mehr davon berichten kann...*
ist tausendmal schöner als: *...damit das alles ein ende hat.*

❦

Irgendwo im Internet lese ich:
Dieser Satz kein Verb.

Wenn man das, was obigem Satz fehlt, in ihn einsetzen würde, verlöre er seinen Sinn.
Sein Sinn liegt im Defizit. Im Unrichtigen.
Vieles gewinnt durch ein Defizit an zusätzlichem Sinn, aber hier ist etwas *einzig und allein* durch sein Defizit zu Sinn gekommen. Das fasziniert mich.

❦

Nachmittags Fahrt nach Straubing, ab Neufahrn mit der Gäubodenbahn, was ein bißchen wirkt, als würde man im Ungarn des späten 19. Jahrhunderts durch die Puszta tuckern.
Herrliches Wetter, Straubing ist pittoresk, sehr langer ovaler Marktplatz, 8. Jahrhundert, die Sonne gleißt parallel zur Längsachse unter einem blaublauen Himmel. Lese Foer weiter, frage mich, ob ich ungerecht war. Das Buch ist schon sehr gut. Das Überbordende sollte man vielleicht gutmütig als Dreingabe oder Plazenta nehmen, aber das gelingt mir nicht. Die Stelle «*Ich bin Trachimbrod*» von großer Wirkung. Andererseits: Sovieles, was ein Lektor, oder viel eher der Autor selbst, einfach hätte streichen können, müssen. Und das Kuriose wird ab einem gewissen Grad ärgerlich und albern. In diesem guten Buch würde ein

viel größeres stecken.

Man muß sich freuen, daß so viele gute Bücher auf dem Markt sind. Man wird sich bald anstrengen müssen, um noch notwendig zu sein. Muß es vielleicht auch nicht. Kann sich zufrieden zurücklehnen. Und endlich lesen, statt zu schreiben.

moers schickt mir noch einmal lob, und ein so großes, daß es mir peinlich ist. durch ihn erfahre ich auch, daß im focus heute eine hymne auf *UC* erschienen ist.

die verkäufe sind schwach, wegen des krieges wird zu zeit fast nichts gekauft. der buchhandel eitert in allen löchern.

susanne h., meine »außenstelle wien«, schickt mir die standardkritik und ein zitat ihrer freundin, wie gut ich auf dem foto aussehen würde. ja, leider nur auf dem foto.

bin sehr melancholisch heute und ängstlich. empfinde alles um mich her als – sehrend und dräuend hätte man früher gesagt. bin in erwartung von etwas tragischem. als würden über mir rosse stampfen, und an jedem haar hinge ein schwert. s. berichtet über endlosen ärger mit behörden, ihr pech macht mich wütend. weil gegen pech nichts zu machen ist, und ich mache gern. fühle mich schlecht. bin schlecht. spirale aus selbstvorwürfen.

Lesung schwach. Ich kam nicht in Fahrt. Habe wohl auch zu harte Stellen ausgewählt, fühlte Beklommenheit im Publikum. Dreißig Leute. Bin nicht mehr gewohnt, in der Provinz zu lesen. Der sehr freundliche Buchhändler sagt, das sei eine stattliche Zahl, bei Genazino warens nur zwölf.

Nach der Lesung sprach mich jemand auf einen Druckfehler an, der mir sehr peinlich und unerklärlich ist: Gunter Wand statt Günter Wand.

Sorry. Dann meint er, er habe kein Tenuto gefunden bei Takt 330. Also: es sind die Takte 321 und 322 des letzten Satzes der Achten in der Fassung von 1887 (!). Und außerdem ist das für den Roman scheißegal. Aber, wenn wir dabei sind: ab 323 würde ich ein plötzliches Accelerando, eine kleine Ekstase, stark befürworten, das hätte man im Roman noch unterbringen können.

Bea weiß, wie der Wand-Fehler passiert ist: Ich hatte ursprünglich Günther geschrieben, statt Günter, habe dann in den Fahnen den Fehler bemerkt und telefonisch um Verbesserung gebeten. Da muß es passiert sein. Sehr ärgerlich, bei Eigennamen.

☙

um kurz nach zehn zurück mit der bahn. umsteigen um kurz vor elf in obertraubling.
 finsterste prärie. zwei bahngleise, kein licht. hier soll ein zug anhalten? und an welchem der beiden gleise? kein mensch weit und breit. sternenhimmel. der zug kommt nicht. welches gleis wähle ich? gleis eins oder zwei? ich sehe nach links und rechts, bin bereit, schnell über die schienen zu springen, wenn ich sehen kann, daß ich auf der falschen seite stehe. es ist so dunkel. so dunkel wie in trachimbrod. komm, zug! es ist die letzte möglichkeit, heute noch nach haus zu kommen. verdammt. fünf minuten verspätung. sechs. sieben. die sterne. ein kojote heult. nein, das ist erfunden. es ist ganz still. völlig lautlos.
 lautlos. und nacht. heimweh.
 Da kommt ein Zug! Und ich winke ihm, bitte ihn, mich aufzunehmen, stehe auf dem richtigen Gleis, uff.

☙

Zuglektüre: Foer. Und ich war doch nicht ungerecht. Die letzten 100 Seiten sind grau-en-haft. Öde, im eigenen Saft redundant dünstend, altklug, mit blöden Einsichten aus dritter Hand (»Liebe gibt es nicht. Nur das Ende von Liebe«) und wahllos eingesetzten nichtsnutzigen Formtricks, scheinbar rauschhaft, dabei immer so musterschülerisch verkniffen-schlau kalkuliert, es ist mit Holocaustgrauen geschickt garnierter Kitsch. Katzengold. Vegetarier-Prosa. Oh, ich weiß, welches Pferd den Autor da geritten hat. Nach zwei Dritteln war ihm klar, daß er einen guten, einen sehr ordentlichen Text hatte, dem er nur noch ein akzeptables Ende verpassen mußte, aber er fand keins, beziehungsweise hatte er immer noch eine Kleinigkeit zu erzählen und noch eine, also erschafft er die Welt neu, steuert er noch ein Kapitel bei, noch eine Volte, noch einen Querverweis, noch ein Weltengleichnis, bis der völlig überladene Text in absoluten Schwachsinn mündet, aber der junge Schriftsteller hat seinen Kreator-Rausch gehabt.

Immerhin, ich wäre auf das letzte Drittel nicht so sauer, wenn nicht –

...aber in diesem Moment kommen von einer entfernten Turmuhr zwölf tiefe Glockenschläge.

damit niemand mehr davon berichten muß...

HELMUT KRAUSSERs TAGEBÜCHER
bei belleville

MAI - Tagebuch des Mai 1992
777 Exemplare/Numeriert/Signiert · 135 S., br. € 14,– / SFR 25,30 · ISBN 3-923646-25-9

JUNI - Tagebuch des Juni 1993
888 Exemplare/Numeriert/Signiert · 119 S., br. € 14,– / SFR 25,30 · ISBN 3-923646-24-0

JULI - Tagebuch des Juli 1994
444 Exemplare/Numeriert/Signiert · 93 S., br. € 14,– / SFR 25,30 · ISBN 3-923646-46-1

AUGUST - Tagebuch des August 1995
555 Exemplare/Numeriert · 101 S., br. € 14,– / SFR 25,30 · ISBN 3-923646-90-9

SEPTEMBER - Tagebuch des September 1996
555 Exemplare/Numeriert · 120 S., br. € 14,– / SFR 25,30 · ISBN 3-923646-91-7

OKTOBER - Tagebuch des Oktober 1997
555 Exemplare/Numeriert · 117 S., br. € 14,– / SFR 25,30 · ISBN 3-923646-92-5 · Vergriffen!

NOVEMBER - Tagebuch des November 1998
555 Exemplare/Numeriert · 154 S., br. € 14,– / SFR 25,30 · ISBN 3-933510-22-8 · Vergriffen!

DEZEMBER - Tagebuch des Dezember 1999
555 Exemplare/Numeriert · 154 S., br. € 14,– / SFR 25,30 · ISBN 3-933510-77-5

JANUAR - Tagebuch des Januar 2001
555 Exemplare/Numeriert · 175 S., br. € 14,– / SFR 25,30 · ISBN 3-933510-78-3

FEBRUAR - Tagebuch des Februar 2002
555 Exemplare/Numeriert · 143 S., br. € 14,– / SFR 25,30 · ISBN 3-933510-79-1

belleville Verlag Michael Farin · Hormayrstr. 15 · 80997 München · e-mail: belleville@t-online.de

HELMUT KRAUSSER
Gedichte und CDs bei belleville

Gedichte
180 S., geb. €19,–/SFR 33,70 · ISBN 3-933510-35-X

»Der Band enthält Revolten wie Reverenzen, Befindlichkeiten, Wundertüten, Amouren, verfrühte Testamente, verspätete Manifeste, Knospen, Blüten, Blätter und Rinde, Nußschalen, Destillate, Kapriolen, Inkubationen, Licht gewordene Schatten. Es ist mein mir wichtigstes Buch. Die Vielfalt der Stimmen und Stimmungslagen entspricht der abgelebten Zeit. Er gleicht dem Leben, hoffe ich, ist hoffentlich noch mehr als das. Mehr gibt es nicht zu sagen.« Helmut Krausser

Denotation Babel
HCD-Productions
Hörspiel nach Helmut Krausser
Produktion: Hessischer Rundfunk/Deutschlandradio/WDR 1998
€ 15,–/SFR 28,30 · ISBN 3-933510-39-2

Ausgezeichnet mit dem Prix Italia!

Genie & Handwerk
Das Bootleg
€ 15,–/SFR 28,30 · ISBN 3-933510-36-8

»1988 waren wir die beste Band der Welt, und zwar vom siebten Mai bis zum zwölften Mai. Am dreizehnten lösten wir uns auf.«

Genie & Handwerk
Reunion
€ 15,–/SFR 28,30 · ISBN 3-933510-88-0

Kammermusik
€ 15,–/SFR 28,30 · ISBN 3-933510-37-6

»Lieder, Cello- und Klavierstücke, Bläserquartette sowie Musik für Steeldrums, Marimbaphon und Posaune.«

belleville Verlag Michael Farin · Hormayrstr. 15 · 80997 München · e-mail: belleville@t-online.de

Thomas Palzer
bei belleville

Camping
Rituale des Diversen
(1995 – 2002)
Mit einem Bildwerk von Wolfgang Ellenrieder
246 S., davon 16 farbig, € 17,–/SFR 30,40 · ISBN 3-933510-85-6
Mit *Camping* geht Thomas Palzers Bestandsaufnahme der Gegenwart in die dritte Runde. Die kleine Form als Antwort auf die Tatsache, daß das Ganze das Falsche ist.

Hosenträger
Nachrichten aus der Welt von Gestern
(Juli 1991 – August 1994)
142 S., br. (vormals Weisser Stein 1994) € 10,–/SFR 18,20 · ISBN 3-933510-13-9

Ab hier FKK erlaubt – 50 schnelle Seitenblicke auf die neunziger Jahre
(August 1994 – Oktober 1995)
186 S., br. (vormals C.H. Beck 1996) € 10,–/SFR 18,20 · ISBN 3-933510-86-4

Secret Service
Kleine Ekstasen
141 S., br. (vormals Weisser Stein 1995) € 11,–/SFR 20,– · ISBN 3-933510-12-0
Ein Band mit Kurz- und Kürzestgeschichten

Pony
Geschichte
158 S., br. (vormals bommas 1994) € 9,–/SFR 16,50 · ISBN 3-928452-02-9
Wirklich eine Liebesgeschichte (eine, die diesen Namen verdient)

belleville Verlag Michael Farin · Hormayrstr. 15 · 80997 München · e-mail: belleville@t-online.de